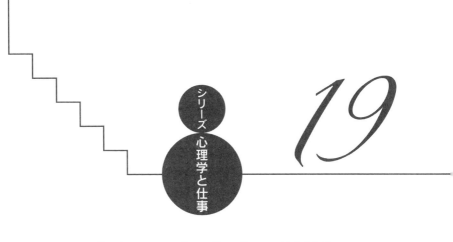

シリーズ 心理学と仕事 19

音響・音楽心理学

太田信夫 監修

中島祥好・谷口高士 編集

北大路書房

主に活かせる分野／凡例

 医療・保健

 福祉・介護

 教育・健康・スポーツ

 司法・矯正

 産業・労働・製造

 サービス・販売・事務

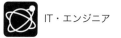 IT・エンジニア

 研究・開発・クリエイティブ

 建築・土木・環境

監修のことば

いきなりクエスチョンですが，心理学では学会という組織は，いくつくらいあると思いますか？

10？ 20？ 30？ 50？

（答 ii ページ右下）

　答を知って驚いた方は多いのではないでしょうか。そうなんです。心理学にはそんなにもたくさんの領域があるのです。心理学以外の他の学問との境界線上にある学会を加えると 100 を超えるのではないかと思います。

　心理学にこのように多くの領域があるということは，心理学は多様性と必要性に富む学問である証です。これは，心理学と実社会での仕事との接点も多種多様にさまざまであることを意味します。

　折しも心理学界の長年の夢であった国家資格が「公認心理師」として定められ，2017 年より施行されます。この資格を取得すれば，誰もが「こころのケア」を専門とする仕事に従事することが可能になります。心理学の重要性や社会的貢献がますます世間に認められ，大変喜ばしい限りです。

　しかし心理学を活かした仕事は，心のケア以外にもたくさんあります。私たちは，この際，心理学と仕事との関係について全体的な視点より，整理整頓して検討してみる必要があるでしょう。

　本シリーズ『心理学と仕事』全20巻は，現代の心理学とそれを活かす，あるいは活かす可能性のある仕事との関係について，各領域において検討し考察する内容からなっています。心理学では何が問題とされ，どのように研究され，そこでの知見はどのように仕事に活かされているのか，実際に仕事をされている「現場の声」も交えながら各巻は構成されています。

　心理学に興味をもちこれからそちらへ進もうとする高校生，現在勉強中の大学生，心理学の知識を活かした仕事を希望する社会人などすべての人々にとって，本シリーズはきっと役立つと確信します。また進路指導や就職指導をしておられる高校・専門学校・大学などの先生方，心理学教育に携わっておられる先生方，現に心理学関係の仕事にすでについておられる方々にとっても，学問と仕事に関する本書は，座右の書になることを期待していま

す。また学校ではテキストや参考書として使用していただければ幸いです。

　下図は本シリーズの各巻の「基礎−応用」軸における位置づけを概観したものです。また心理学の仕事を大きく分けて、「ひとづくり」「ものづくり」「社会・生活づくり」とした場合の，主に「活かせる仕事分野」のアイコン（各巻の各章の初めに記載）も表示しました。

　なお，本シリーズの刊行を時宜を得た企画としてお引き受けいただいた北大路書房に衷心より感謝申し上げます。そして編集の労をおとりいただいた奥野浩之様，安井理紗様を中心とする多くの方々に御礼を申し上げます。また企画の段階では，生駒忍氏の支援をいただき，感謝申し上げます。

　最後になりましたが，本書の企画に対して，ご賛同いただいた各巻の編者の先生方，そしてご執筆いただいた300人以上の先生方に衷心より謝意を表する次第です。

監修者

太田信夫

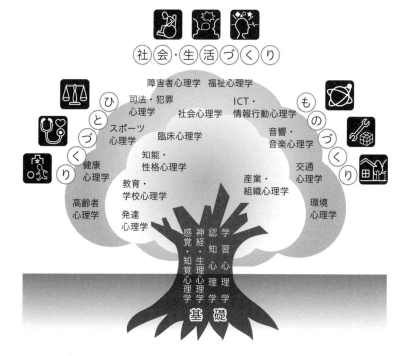

（答 50）

はじめに

　音響・音楽心理学と聞くと，心理学にそのような分野があったのかと驚かれる方も多いと思います。さらに，どのような研究がなされているかを聞くと，果たして心理学の一部と言えるのか疑問を持たれる場合も出てくるかもしれません。しかし，音響・音楽心理学というのは決して隅にとり残された分野ではなく，心理学史において重要な役割を果たしています。それについては本書を読んでいただくこととして，紀元前にピタゴラスまたはピタゴラス教団によってなされた琴の音の協和に関する研究が，恐らく，人類史上で最初に記録された心理学実験であろうということをここでは強調しておきます。

　皆さんは，言葉と音楽のどちらにも興味がないということはまずないでしょう。そのどちらも人の心に深く関わることは明らかであり，そのどちらについて知るにも，人がどのように音を出し，音を聴くかについて調べることが欠かせません。このようなところから音響・音楽心理学の研究が始まります。各方面において活躍される執筆者を得て，この分野への導入を図るとともに，この分野が社会でどのような役割を果たしているかにも触れるといういささか欲張りな企画から本書が生まれました。

　音響心理学に関する研究は，音のさまざまな物理的な性質に対して，それを受け止める聴覚器官がどのように働くのか，そして，音の特徴をどのように捉えるのか（感覚や知覚）を解明するという，非常に基本的で大切な内容です。物理学や生物学が登場しますし，人の感覚量を調べる方法も「精神物理学的測定法」というくらいなので，敷居が高いように感じる人も多いかもしれません。音楽心理学の研究は，メロディの記憶やリズム構造の理解，音楽による感情など，一見すると取っ付きやすそうに思われるかもしれませんが，音楽の聴取は音響と聴覚の仕組みがあってこそ成り立っています。それらの理解がなければ，音楽を聴くという行動の表面だけを捉えた砂上の楼閣になりかねませんし，しっかりした方法論を知らなければ何を調べているのかも曖昧になってしまいます。

　さまざまな音や音楽をどう受け止めて何を感じるか，また，音や音楽を使って何をどのように表現するか，そして，生活の中で音や音楽とどのよ

うに関わるかについては，文化や時代によって異なりますし，個人の経験によっても違うでしょう。それでもなお，人や文化や時代の違いを超えて共通する生物学的基盤と知覚や認知のメカニズムやプロセスがあるのではないか，また，そのようなメカニズムやプロセスの存在を認めた上で異なるものはどこから生じるのだろうか，といった興味は尽きることがありません。皆さんが抱いている音や音楽に対する疑問や関心は，そのまま私たち研究者にとっても疑問や関心の的であり，いまだに解明されていないことも多くあります。だからこそ，音や音楽に仕事として携わっている人は，自身の経験に基づいて試行錯誤しながら，よりよい答えを探し続けています。音響・音楽心理学の研究が少しでもその助けになれば，と私たちは願っています。ときには，思い込みや勘違いで，あまり適切ではない形で音や音楽が使用されていることもあります。そんなときには，専門家として警鐘を鳴らすことも必要だと思っています。

　残念なことに，わが国ではどこかの大学に入って，音響・音楽心理学を自分の専門とするということは難しく，その分野の研究をしている人はいろいろな回り道をしていることが普通です。別の言い方をすれば，大学ではまず他のことを学び，別のところで少しずつ音響・音楽心理学について学ぶことも充分可能です。いろいろな方向からこの分野に興味を持たれた方に本書が役立てば幸いです。

　本書は，大学に進学する方を主な対象としていますが，音響・音楽心理学という分野ではどのような研究がなされており，その研究内容がどのようなことに役立つのか，手っ取り早く知りたいという方にも有益だと思います。内容に興味を持たれたならば，本書に引用された他の書物などもぜひ読んでみてください。さいごに，本書の編集は，北大路書房の森光佑有氏の力強いご支援がなければ不可能でした。ここに深く感謝いたします。

編　者

中島祥好

谷口高士

目 次

第1章

音響心理学へのいざない[*]

活かせる分野

　人の心や行動は，音によって大きく影響され，また音を発する原因にもなります。そこで，音と人の心や行動との関係について科学的な研究を行うことが求められ，そのような研究分野を「音響心理学」と呼びます。似たような分野に「聴覚心理学」があり，専門家はこの2つの言葉を使いわけているようですが，とりあえず音響心理学，聴覚心理学をまとめて1つの分野であると考えればよいでしょう。実用面の多い音響学との結びつきを重視した研究を行う分野が音響心理学，知覚心理学の一分野として実験心理学を支える分野が聴覚心理学，というのがおよその区別ですが，多くの研究者はその両方に関わっているので，無理に区別をする必要はありません。

1節　音とは何か

　音は物理で習うように「空気を伝わる疎密波（縦波）」です。ただし，私たちが音として聴くのはこれだけではなく，頭蓋骨（という固体）を通して耳に伝わる振動や，水に潜った人に対して水を伝わってゆく疎密波も含まれ，音響心理学ではこの全てを音として扱います。しか

---

* 本章について，上田和夫先生，蓮尾絵美先生のご意見をいただきました。

し，基本は空気を伝わる疎密波ですので，ここではそれに話を絞ります。音は気温などにもよりますが毎秒 340 m くらいの速度，すなわち音速で伝わります。あるところで，物や空気が振動するとそこから四方八方に疎密波が伝わり，その伝わる範囲に人がいれば，その人の耳の付近で疎密波を形成する空気の疎密が現れます。すなわち，気圧が低く（疎に）なったり高く（密に）なったりします。音の発生源でたとえば 1 秒に 100 回の割合で疎密の変化が繰り返されると，聴く人の耳のところでも，同じ割合で疎密の変化が生じます。この 1 秒あたりの反復の回数を周波数と呼び，その単位はヘルツ（Hz）と名づけられています。今の例では周波数が 100 Hz です（ときどき勘違いされるので述べておきますが，1 秒あたり 100 回というのは，このような変化が 1 秒続かなければならないということではありません。0.2 秒の間に同じ変化が 20 回反復されても，1 秒あたりの割合にすれば 100 回ですので，周波数は同じく 100 Hz です）。いったん音が出れば，音速で伝わる途中で疎密変化の回数が増えたり減ったりはしませんから，周波数はそのまま保たれます。このことを利用して，私たちは言語音声，音楽などによるコミュニケーションを行っています。耳から大脳の聴覚野に至る聴覚系には，周波数の情報をうまく利用する仕組みが備わっています。

　バネに重りをつけて上下いずれかにずらせたときに起こる単振動のような変化（時間を横軸にとれば変化の様子がサイン関数のグラフになるような変化）が自然界に起こる変化の基本であるとされています。サイン関数のことを正弦関数というので，このような変化を正弦的変化と呼びます。正弦的変化があれば，必ず 1 秒あたり何回反復するかという周波数が決まります。耳の付近で生ずる気圧の変化も，正弦的変化に分解することができ，それぞれの正弦的変化をその周波数の（たとえば 100 Hz の）周波数成分と呼びます。聴覚系で処理することのできる周波数成分は，だいたい 20 ～ 20000 Hz の範囲にあるとされています。ただし，加齢に伴い高い周波数の側が聴こえにくくなります。長い人生で耳を長持ちさせるのは大事なことで，人の話を聴きとりにくいようなうるさい環境で長時間働いたり，大音量の音楽を聴きすぎたりするのは考えものです。

　人の声で「アー」「イー」と母音を出すとき，この基本周波数がた

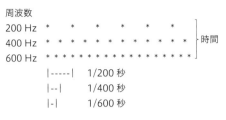

▲図1-1　周波数と反復の関係

とえば 200 Hz の周波数であるとしましょう。基本周波数が 200 Hz であるというのは，同じ形の変化が 1 秒に 200 回の割合で反復され，この反復される形自身にもっと短い形の反復はないということです（周期は 1/200 秒です）。さて，ここで気をつけていただきたいことは，何かある変化が 1 秒に 400 回の割合で反復されるときに，この変化の 2 回分をまとめて 1 回と数えると，これは 1 秒に 200 回の変化でもあります。つまり 400 Hz の反復は 200 Hz の反復であるともとらえられます。図 1-1 を参考にしてください。

　同じように，600 Hz の反復は 200 Hz の反復であるともとらえられます。ここで，人の声の基本周波数が 200 Hz であるときには，実は，200 Hz の正弦的変化だけでなく，400 Hz，600 Hz，800 Hz ……というような 200 Hz の整数倍の周波数の正弦的変化が加わっています。しかし，400 Hz，600 Hz，800 Hz……の正弦的変化はいずれも，図 1-1 で示したように 200 Hz の反復であるともとらえられ，200 Hz の正弦的変化を含めて全て足し合わせたものも 200 Hz の反復です。この反復の 1 回分（1 周期）を 2 回以上の同じ変化に分けることはできませんから，基本周波数は 200 Hz になります。ここで，200 Hz の正弦的変化を（基本周波数に対応するという意味で）基音と呼び，400 Hz 以上の正弦的変化を倍音と呼び，これら全てを周波数成分と呼びます。このように基音と倍音とからなる音を，「調波複合音」と呼びます。声は 1 つしか聴こえませんが，実は基音と倍音とを合わせておそらく 20 個を超える周波数成分が耳には入ってきているのです。そして，異なる周波数成分は聴覚系の異なるところで処理されています。基音と倍音のような関係になっていないたくさんの周波数成分が合わさってできている音もあります。「静かに」というと

きの「シーッ」という音の場合，2000 Hz から 8000 Hz 以上までの範囲に無数の周波数成分が詰めこまれています。この場合，基本周波数はありません。

2節　音の聴こえ

　上記の母音「アー」「イー」については，（声を出す人の性別を含む個人差にも影響されるので，典型的な数値を挙げますが）「アー」のときには 1000 Hz，1400 Hz あたりの成分が周辺の成分よりも強く，「イー」のときには 400 Hz，2800 Hz あたりの成分が周辺の成分よりも強いので，この 2 つは異なる母音であることをはっきりと聴きとることができます。ところが，基本周波数が同じ 200 Hz であると，「音の高さ」は同じであるように聴こえます。基本周波数を 210 Hz にすると，音の高さが音楽でいう半音に近い幅だけ高くなったように聴こえます。音楽家には怒られそうな粗い近似になりますが，ヘ音記号の上の点に相当する G（ト）から G#（嬰ト）への音の高さの変化に相当します。さてここからは，基本周波数がたとえば 200 Hz と一定である場合について考えます。面白いことに，コンピューターなどを使い，「アー」「イー」の倍音を鳴らさずに基音だけを鳴らすと，ほとんど同じ音の高さが聴こえます。さらに面白いことに，基音だけを取りさって倍音だけを鳴らしてもほとんど同じ音の高さが聴こえ，また「アー」「イー」の母音が聴こえます。このように，「母音の違い（または母音であるかどうか）」「音の高さ」という 2 つの性質を私たちは瞬時に聴きとることができます。どの周波数成分も気圧の変化の繰り返しですから，この変化の幅を大きくしたり小さくしたりすることができます。気圧変化の幅を全体として大きくしたり小さくしたりすると，「音の大きさ」が大きくなったり小さくなったりすることも聴きとることができます。

　音や音のパターンなどの耳に聴こえるもの，あるいは色，形，運動などの目に見えるもの，さらに，触って感ずることのできる物体や物体の振動，味や匂いを生ずる化学物質，などの性質をさまざまな物理量で表し，そこからヒトが情報を受け取る様子を主観量として表し，物理量と主観量との関係について調べる研究分野のことを精神物理学

（心理物理学）と呼びます。これは，19 世紀に実験心理学の始まりとなった伝統のある分野です。

　実験心理学において「主観」というのは，「人の外側の物理的な世界」を人がとらえるときに，人の内側にできる外側の世界の模型のようなもので，多くの場合心の中にできると考えます。ここで，心というものがあると考えたほうがよいのか，心についてはなるべく考えないほうがよいのかという心理学史上の難しい問題があるのですが，この問題はいわゆる泥沼です。ここでは，「心がある」と考えれば話が分かりやすいのならば心があることにします。そこまで素朴に割りきってよいのか疑問をもたれたならば，その疑問は大切にしてください。そして，実験心理学というのはときとしてこのような素朴さを見せる分野であると思ってください。疑問があれば，とにもかくにも何か実験を行ってデータを見ながら先へ進むというのが，実験心理学のやり方です。

　基本周波数が 200 Hz の音と，210 Hz の音とを聴き比べると，210 Hz の音のほうが「高く」聴こえます。ここで，心の中に基本周波数に対応づけた音の高さを表す目盛りのようなものがあると考え，物理的には等しい周波数間の距離が心の中では長くなったり短くなったりすることがあると考えます。たとえば，音の高さが近いと考えられるときには目盛りの間隔を狭くし，音の高さが離れていると考えられるときには目盛りの間隔を広げる，というようにしていろいろな聴覚実験の結果に合うように目盛りの付けかたを考える，というのが典型的な精神物理学の研究です。ときによっては，ある音の高さが別の音の高さの半分に感ぜられる条件を求めるというような，ちょっと難しそうな実験も行われます。実験結果にいろいろな数式を当てはめてゆくのは，やってみれば楽しいものです。

　音の高さの話は少しややこしいので，ここではもう少し単純な「音の大きさ（ラウドネス）」について詳しく考えてみます。このような研究ではよく 1000 Hz の周波数成分のみからなる音を使います。このようにただ 1 つの成分のみからなる音は「純音」と呼ばれ，さまざまな聴覚研究に用いられます。健康診断の際に聴力検査が行われますが，そこで使われる「ピーッピーッピーッ」という音は 1000 Hz，または 4000 Hz の純音です。われわれが会話をするときには

4000 Hz 以下の成分が聴覚系で間違いなく処理されることが重要ですので，このような検査が行われます。さて，音の大きさに話を戻すと，「音の強さ」を増すと「音の大きさ」が増します。「音の強さ」は純然たる物理量で，単位面積を単位時間に通過する音エネルギーの量です。聴力検査でイヤホン（ヘッドホン）から音が出る際に，イヤホンにつながる電線には音によって生ずる気圧の変化と同じような（0を中心とする）電圧の変化が生じていますが，割りきっていえば，この電圧の変化に伴って生ずる電力が 10 倍になれば，音の強さも 10倍になります。電気について習った方は，交流電圧が 2 倍になれば電力（単位時間あたりの電気エネルギーの量）は 4 倍になることをご存じだと思いますが，どのような音でも気圧の変化の幅を 2 倍にすると，音の強さは 4 倍になります。つまり，音の強さは音エネルギーの量に比例する物理量です。

　一方，音の大きさは主観量です。2 つの純音を聴き比べて，どちらの音がどちらの音の何倍の音の大きさに感ぜられるというように，聴取者が判断することができます。ある音の 2 倍の音の大きさに聴こえるように，もう 1 つの音の強さを聴取者に調整してもらう実験や，音の強さをさまざまに変化させ，どのような音の大きさに聴こえるかを「20」「70」などのプラスの数で答えてもらう実験など，さまざまな実験が行われ，物理量としての音の強さと，主観量としての音の大きさとの関係が明らかになっています。1000 Hz の純音はこのような研究の基準にされることが多く，それについてアメリカのスティーヴンズは次のような関係を見出しています。すなわち，音の強さが非常に弱い場合を除くと，音の強さが 10 倍になれば音の大きさはおよそ 2 倍になります。ということは，音の強さを 100 万倍にしても，音の大きさは 64 倍くらいにしかならないということです。この関係は近似的に，

　　[音の大きさ] ＝ k・[音の強さ]$^{0.3}$

と表すことができます。k（>0）は比例定数で，$2 \fallingdotseq 10^{0.3}$ であることに注意するとこの式が出てきます。実際には（順序が逆で）このような式を聴覚実験の結果に当てはめて考察がなされます。主観量が物理

6

量の何乗という「べき関数」になることは，他の主観量でも成り立つことが多いとされています。たとえばパソコンの画面上のある領域から発する光の量をいろいろに変化させると，物理量である「輝度」と主観量である「明るさ」が変化しますが，条件によっては，

$$[\text{明るさ}] = k \cdot [\text{輝度}]^{0.3}$$

というように上記の式と似たような結果になることが知られています。このように，物理量と主観量とが対応するといってもその間には正比例とは限らないさまざまな関数関係が見出されます。もちろん正比例することもあり，線分の物理的な長さと主観的な長さとの関係が典型的な例です。いろいろな実験条件の下で，どのような関数が得られるかをみることによって，そこにどのような知覚の仕組みが働いているかを推測することができます。この関数に数式をうまく当てはめることができれば，さらに理解が深まります。これが精神物理学の典型的な姿です。

　音響心理学はまず第一に，音についての精神物理学です。音の大きさ，音の高さ，音色という3つの主観量は音の3性質と呼ばれ，これらについての精神物理学の知見が聴覚について理解する基礎になります。音色のことを主観量と呼ぶことには違和感があるかもしれませんが，量といっても1次元ではない2次元，3次元……の量を考えることが一般的です。音色には一体何次元あるのかということ自体が重要な研究の題材です。このほかに，音の聴こえる方向，音の遠さ，音の拡がり，音の長さ，音と音との時間間隔の長さなどの主観量について研究がなされ，それとは別に音が聴こえるために必要な物理条件，音の違いを聴き分けるために必要な物理条件について，さまざまな研究がなされています。物理量と主観量との関数関係を心理実験によって次々に出してゆけば道は拓けるという発想は，音響心理学から生まれ，実験心理学全体に影響を与えています。

3節　音のパターンの知覚

　私たちが音を聴いて環境についての情報を得たり，言葉を話してコ

ミュニケーションを図ったり，さらに音楽を楽しんだりするには，音の主観的な性質について調べるだけでは十分ではありません。環境に溢れる音エネルギーの靄（もや）のような中から聴覚系が何を１つひとつの「音」として分離するか，「音」と「音」の関係はどのようにとらえられるか，などについて調べることが重要です。視覚について考えてみれば，私たちの身の回りには光が溢れていることが多いですが，その中からこの部分が人の顔で，その中に目があって，鼻があって，というように，個々の対象を切りだすことが重要です。また，目と鼻との関係などをみて，それが誰であるか，どのような表情であるかを読み取ることも重要でしょう。音の場合も同じです。ただ，１つひとつの音はじっくり眺めたり，手に取ったりすることができませんから，「対象」とは呼びづらく，生じては消えてゆく「事象」と呼ぶのがよいでしょう（「出来事」という言葉も使えますが，学術用語としては使いにくいので「事象」とします）。そこで，１回だけ現れて消えてゆくひとまとまりの音のことを「音事象」と呼びます。これは，物理的なものではなく（心の中にある）主観的なものです。音楽に出てくる旋律は，音としての音符が，ときには空白を挟んで時間方向につながったものですが，単純な旋律では，１つひとつの音符が「音事象」になります。これに対して，音事象が心の中で時間方向につながり旋律のようにひとまとまりに把握されるとき，これを「音脈」と呼びます。会話ができるのは，聴覚系が言葉を伝える音をひとつながりにまとめて音脈とし，他の音が鳴っていても，この音脈を特別なものとして分離しているからです。

　カラスがカァカァ鳴くのを聴いて，私たちはカラスが見えなくてもそのあたりのどこかにいると分かります。ここから先の話は先人の研究成果からの推測になりますが，カラスの鳴き声の周波数成分は，たとえば約 450 Hz，約 900 Hz，約 1350 Hz（約 1：2：3）というように，ある周波数のおよそ整数倍の関係になっています。先に述べた人の声が基音と倍音とからできているのと似ています。また，これらの周波数成分はほとんど同時に始まり，多くの場合ほとんど同時に終わります。このような要因によって，10 個以上の周波数成分が鳴っていても１つの音事象に聴こえます。周波数成分が同時に始まり，同時に終わるというように，いくつかのものが同時に同じように変化す

```
カァ カァ カァ          ……まとまりやすい
カァ ホケキョ          ……まとまりにくい
カァ      カァ      カァ  ……まとまりにくい
```

▲図1-2　音脈のまとまりやすさ

るときに，一体として知覚されやすく，このような傾向は「共通運命の原理」と名づけられています。視覚に関して共通運命の原理は古くから注目されています。たとえば，たくさんの踊り手が同時に同じ振り付けで踊ると，全体として1つの生き物のようにみえることがあることはご存じでしょう。

　さて，次に「カァカァカァ」というのがどうして一続きの音脈に聴こえるのでしょうか？　カラスとウグイスとが同時に鳴いているときに，どうして別々の音として聴き分けられるのでしょうか？　その仕組みについてはまだまだ分からないことが多いですが，1回目の「カァ」と2回目，3回目の「カァ」とが時間的に近く，音響的に，また音色などの聴こえのうえでも似ていることが関係しているようです。このようなときには，「カァカァカァ」の全体が1つの音脈として心の中でまとまります。図1-2を参考にしてください。

　このように，近くにあるものどうし，似たものどうしが，まとまって知覚されやすいという傾向は視覚に関しても注目されており，「近接の原理」「類同の原理」と名づけられています（この2つの原理のどちらであるのか決めにくい場合もあります）。近いもの，似たものがひとまとまりに知覚されやすいのは当たり前ではないかと思われるかもしれませんが，それについて考える人自身も物理的に近いもの，似たものを初めからひとまとまりにとらえているために「当たり前」であると思う可能性があります。当たり前にみえても正確な言葉にしておけば，どのような場合に近接の原理や類同の原理が有効であるかを調べることができ，聴覚の仕組みについても考える枠組みができます。近接の原理については，近接するといってもどのような次元で近接することが重要であるのか疑問の生ずるところです。これまでの研究では，周波数成分どうしが周波数あるいは時間の次元で近い場合に，一体として知覚されやすいことが分かっています。

音響分析においては，横軸に時間，縦軸に周波数をとって，音エネルギーの密度を灰色の濃さなどで表すスペクトログラム（ソナグラム）をよく使いますが，スペクトログラムのうえで近い周波数成分の間には，知覚上の「近接の原理」が当てはまります。したがって，このような分析は音のパターンの知覚について考えるのに適しています。

4節　音響心理学と人の生活

　音響心理学は，（スペクトログラムなどで）物理的な性質が確認された音や音のパターンが，どのように聴こえ，それが人の心や行動にどのような影響を与えるかを研究する心理学の一分野です。言葉や音楽については，人がどのように音を出すかということも研究対象になる場合があります。このような研究の歴史上の起源は古く，ピタゴラス（またはピタゴラス教団）に遡ります。ピタゴラス（たち）は，同じ条件で張った琴の2本の弦の長さが1：2，2：3などの単純な整数比になったときに，これを同時に鳴らすとよく協和することを見出しました。

　このことに19世紀になってから改めて注目したのが，エネルギー保存則の提唱者の1人として知られるドイツのヘルムホルツです。弦の長さが単純な整数比になったときには，鳴る音の基本周波数も単純な整数比になるために，基音と倍音とからなる2つの音の周波数成分の間に周波数の一致するものが多く現れて，周波数成分の間にうなりが生じにくく，これが協和として感ぜられるとの説をヘルムホルツは唱えました。この研究は，近代科学の一部としての音響心理学の始まりであるといってよいでしょう。ヘルムホルツの考え方はわが国の東芝総合研究所の研究者によって完成され「亀岡・厨川の理論」として国際的に知られています。

　音速に名を残しているオーストリアのマッハは，当時生まれたばかりの音響心理学にも興味をもっており，ヴァイオリンなどの音を基本周波数を変えて次々に鳴らすときに，異なる基本周波数から出発しても，次々に鳴らされる音の基本周波数の比率が（たとえば，1:1.65:1.21……などのように）同じように保たれれば，音楽には使われないような耳慣れない周波数の比率が用いられても，同じ旋律が聴こえること

を指摘しています。同じオーストリアの哲学者であるエーレンフェルスはマッハの影響を受けて考察を進めました。音楽に現れるような旋律を異なる調（たとえばハ長調 C major と嬰ヘ長調 F♯ major）で演奏したときに，旋律を構成する音が異なっていても同じ旋律として聴こえ，一方，同じ音を用いても順番を変えて鳴らすともはや同じ旋律には聴こえないことから，1つひとつの音とは異なる旋律全体の形に相当する主観的性質があるのではないかと考えました。このようなところから，音のパターンの知覚についての研究が始まります。エーレンフェルスの論文は，部分と全体との関係について考えるきっかけになり，実験心理学に大きな影響を与えました。

　日常生活では音響信号を止めて観察することができないので，なかなかこのような音のパターンの研究が必要であることに思いおよびません。音響信号を記録してもう一度聴くということは，19世紀後半にエジソンが蓄音機を発明することによって可能になり，音の一部を付け足したり削ったり，音の全体や一部の音の強さや周波数を変化させたりして，いろいろな音を聴いてみるということは，20世紀半ば以降に，テープ録音，ミュージック・シンセサイザー，コンピューター音楽，音声合成，多重録音などの音響技術が開発され，あるいは大きく進むことによって可能になりました。1960年代以降にはデジタル音響技術に大きな進展があり，わが国の企業が協力して（オール・ジャパンで）実現したデジタル録音の技術は，音の記録，分析，加工を画期的に効率化しました。デジタル録音においては最小限の時間の目盛りよりも細かい気圧の変化は無視しますので，このいちばん細かい目盛りをどのくらいにすればよいかが重要問題です。日本のソニー株式会社とオランダのフィリップス社とが共同で開発したコンパクト・ディスク（CD）では1秒が44100個の目盛り（時点）に分けて表されています。この値を決めるにも精神物理学の知見が必要であり，日本ビクター株式会社において大規模な実験がなされました。音楽の録音といえば，ステレオ録音技術が開発され普及したことは画期的であり，1940年にステレオ録音（ただし，今日のものと少し異なる）をディズニー映画の『ファンタジア』に用いて興行上の実証実験を行ったのは，アメリカの電話会社がつくったベル研究所の大立者であったフレッチャーです。しかし，フレッチャーが本領を発揮したのは基礎研

究のほうで，音の大きさなどについてその後の研究を方向づけ，心理学と工学とを融合させる大きな流れをつくりました。とりわけ，純音の音の大きさが周波数にどのように影響されるかを徹底的に測定した結果は，国際規格となり，その後の音響技術を支えました。なおこの国際規格は後に更新され，21世紀になってからは，東北大学の鈴木陽一を中心とする日本のチームが世界中のチームを率いて最新の規格にまとめています（19ページの図2-2）。

　フレッチャーが，聴覚系が音によって興奮する仕組みについて精神物理学に基づく考察を進めたことが，アメリカのスティーヴンズ，西ドイツのツヴィッカーなどの研究者に受けつがれ，音の大きさの研究を中心に，騒音制御の基準になる考え方が形成されました。騒音は場合によっては犯罪や訴訟にも結びつくような社会問題ですので，専門的な研究を必要とします。

　音のパターンの知覚については，アメリカのヘンデル，カナダのブレグマンが，20世紀の終わり近くに音事象，音脈の概念を明確にしていったところから急激に研究が進んでいます。そのような研究は「聴覚心理学」に分類され「音響心理学」という看板には結びつかないことが多いですが，最初に述べたようにその区別にとらわれる必要はないでしょう。

　言語音声，音楽は音の中でもコミュニケーションに関わる特別なものであり，文化とのつながりもありますので，それについての音響心理学的な研究は，それぞれ特別な分野をなしています。アメリカのハスキンズ研究所などで活躍したリバーマンは，言語音声の周波数成分の変化を人工的につくりだす装置を駆使して，音声知覚の研究を基礎づけました。カリフォルニア大学サンディエゴ校のダイアナ・ドイチュは，音楽に関連する音のパターンの知覚について，さまざまな研究が可能であることを膨大な量のデータとデモンストレーションとで示しました。

　音を手にとって見ることはできませんが，音楽家や音楽愛好家は，楽器，楽譜などを使って同じ音を何度も出してみたり，音のパターンをある部分だけ変化させたりすることに慣れているので，ピタゴラス，ヘルムホルツ，マッハなどにみられるように，音楽が音響心理学を進展させるきっかけになることがよくあります。

ここ数十年間の音響心理学の成果として日常生活に役立っているのは，航空機騒音や道路交通騒音がずいぶんましになったこと，音声や音楽を少ない情報量に圧縮することができるようになりパソコンやスマホで簡単に会話をしたり音楽を楽しんだりすることができるようになったこと（これについては公開されていない事柄も多いので推測を含みます），人の声をコンピューターで合成して歌を歌わせることまでできるようになったこと，などがあります。また思わぬところで音響心理学の実験がなされているらしい場合もあり，たとえば自動車の高級感を出すためにはドアの閉まる音をどうすればよいかという研究までなされているようです。

　言語音声によるコミュニケーションはヒトと他の動物とを区別するものですから，どれほどハイテクの進んだ世の中になってもその重要性が減ずることはあり得ません。人類が月や海底に気軽に旅行するようになれば，新しい環境でヒトの聴覚をいかに活用するかが問われ，音響心理学にとってもフロンティアが開けるでしょう。しかし，今ここにあるもっと大きなフロンティアはわが国の直面する高齢社会です（若い人も高齢者を支えるだけでなく，そのうちに自分が高齢になります）。人は年をとると聴力が衰え，そのために社会とのつながりが細くなることがあります。これを防ぐことができれば，社会の中での高齢者の居場所を整備し，場合によってはその貴重な経験と知恵を活かして社会を豊かにすることもできるでしょう。そのためには，社会全体の音響環境について考え直す必要があります。ここで，音響心理学の果たす役割は大きいはずです。

　最後に，大学で音響心理学を学びたければどうすればよいかを述べておきます。ここで述べたように関連分野はたくさんありますので，まずはどこかしっかりした学部で関連する事柄を学ぶことから始めるというのが手堅いでしょう。そのようにして，大学院で音響心理学を研究している教員につくという道もあります。この場合には自分で情報を集めることが大事です。筆者が勤めていた九州大学芸術工学部は，聴覚心理学，聴覚生理学，音響学などに関する授業を毎年開講しているわが国で唯一の高等教育組織であり，1つの候補になると思います。一方では，文学部や教育学部などの心理学科，教育心理学科などの関連する学科でしっかりと心理学の基礎を学び，音響について研究ので

きるほかの学部や研究所などの助けを借りて卒業研究をさせてもらうことも考えられます。このような道を目指す場合には，相当な研究実績のある大学に在籍する必要があるでしょう。音響心理学を趣味として学び，人生を豊かにするという道もあります。そのようにして博士号まで取ったという人もいます。決まった道はありませんので，月並みですが，自分で目標を立てて少しでもそれに近づくように努力を続けてください。

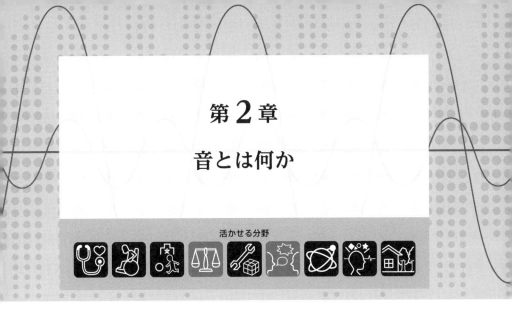

第2章

音とは何か

活かせる分野

1 節　聴覚の役割

1. 聴覚

　野生動物にとって聴覚を失うということは，ほぼ死を意味することでしょう。環境の認知や天敵の存在の察知，仲間とのコミュニケーションなど，視覚とならぶ聴覚の役割の重要性は自明です。人間における聴覚は，言語によるコミュニケーションにとって，進化した発声機構とともに重要な役割を果たすのはもちろんですが，音楽という素晴らしい芸術・娯楽をも与えてくれます。進化の過程では，むしろ歌のほうが言語より先だったと考えたほうが自然かもしれません（岡ノ谷，2010; Mithen, 2005）。生物は水中で誕生し，6 億年くらい前までの長い間，水中のみで生きてきましたから，水によって伝わる振動に対する感覚は早くから発達させてきたでしょう。しかし，いわゆる聴覚をもつものは，昆虫と脊椎動物に限られています。聴覚は耳という専用の器官を利用した音の受容と情報処理から成ります。本節では聴覚における重要なパラメータについて，項目間のバランスにあまり気をとられずに説明をしたいと思います。

2. 音の発生と伝搬

　地上で生活するわれわれにとって，音は空気を伝わってくる重要な

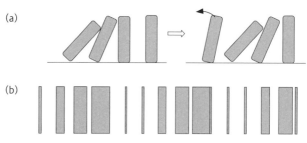

▲図 2-1 「変形」ドミノ倒し

各コマは倒れても復元力によりもとに戻ると仮定した（a）
端のコマを周期的に倒すと，倒れているコマと直立しているコマが，上
から見ると移動する縞模様を作ると想像できる（b）

　情報源です。われわれの周囲では常に何かが動いています。動いたモノはそれに接した空気に力を与えます。風船を触れば分かるように，空気も力に対してバネのような応答をしますから，与えられた力によって伸び縮みし，その伸縮は発生した地点から周囲に伝わっていきます。ドミノ倒しをご存じでしょう。将棋のコマのようなものを並べて列の端のコマを倒すと，次から次に倒れていく様子は見ていて楽しいものです。ここで想像力を働かせ，もし各コマにバネのような復元力があって倒れた後に短時間内に直立姿勢に戻るとすれば，倒れた場所が移動するような「変形ドミノ倒し」ができるでしょう（図2-1a）。端のコマを周期的にトントンと倒してやれば，倒れた部分と直立した部分が規則的に縞模様になって移動する様子が見えることでしょう（図2-1b）。移動する方向とドミノの倒れる方向が同一で，このような波動を縦波と呼んでいます。これが，想像を絶する数（常温，1気圧の空気 22.4 リットル中に約 $6×10^{23}$ 個）の空気分子どうしに起こるものが，音波と考えられます。コマどうしが接触している部分は，音波では空気分子の密度が高くなっている場所と考えられます。この疎密波がわれわれに届いて耳で感じられる微小な気圧変化が「音」です。音波も伝搬する方向と空気分子の圧縮される方向が同一なので，縦波です。空気を媒介としない音の伝達もありますが，ここでは省略します。音による気圧の変化分を音圧と呼びます。

3. 音圧

　音圧の変化が（ある程度）周期的であるものを英語では tone，日本語ではよく楽音と呼びます。楽音といっても音楽に使われるとは限りませんし，周期的な音でなくても打楽器のように音楽に使われる音はたくさんありますから「楽音」はあまりよい術語ではないかもしれません。周期的な音の理想的なものとして，音圧の変化分 $p(t)$ が

$$p(t) = a\sin 2\pi f t$$

のように正弦波で表されるものがよく知られています[*]。ここで t は時間 [秒] で，f は周波数 [Hz]（ヘルツ），a は振幅（ただし，音のエネルギーを基準にした実効振幅はその $1/\sqrt{2}$ 倍）と呼ばれます。単一正弦波状に音圧が変化する音を特に純音と呼びます。このような気圧の変化が鼓膜に伝わると，鼓膜が 1 秒間に f 回振動して，周波数 f [Hz] の音を聴きます。

　気圧の変化といいましたが，どの程度でしょうか。1 気圧はご存じのとおり約 1013 hPa（ = 1.013×10^5 Pa）です。強い台風ともなると中心での気圧が 950 hPa 以下などという数字を目にします。高低差による地上付近での気圧変化は意外に大きく，高さの差 1 cm あたり約 0.12 Pa ですから，われわれの身体の位置が 1 cm 低くなっただけで，体表面積 1 m^2 あたり約 12.2 g に相当する圧力の増加があることになります（ヘリウムの風船が飛んでいってしまうのは，風船の高い部分が受ける気圧がより小さいので，全体として下から力を受けることになるからです）。われわれの聴覚の感度は音の高低に依存しますが，1000 Hz の純音に対しては，聴こえる最小の音圧は $p_0 = 2 \times 10^{-5}$ Pa 程度といわれています。これは日常的に気圧といっているものから比較すると 10 桁くらい小さく，1 cm^2 あたり約 2×10^{-7} g の重量変化に対応します。

---

[*] $\sin(2\pi ft)$ の意味ですが，ここのカッコはよく省略されます。

4. 音の強度と音量

　空間の１点で受ける音の物理的な強度（音の強さ）は，その点を１秒間に通過する音の１ m² あたりのエネルギーの大きさで定義されます。したがって音の強度の単位は [Js⁻¹m⁻²] となります。[Js⁻¹] は [W] とも書きますから [W/m²] と書けます **。これは音の絶対的な強度ですが，実用的には音圧レベルまたは強度レベルがよく用いられます。正弦波の音のエネルギーは音圧 p の２乗に比例しますので，音圧レベル（SPL, sound pressure level）は上で述べた p_0 を基準として

$$L_p = 10 \log_{10} \frac{p^2}{p_0^2} = 20 \log_{10} \frac{p}{p_0} \tag{1}$$

と定義します。このように基準値との比の対数の10倍（または20倍）の値は，電気・音響関係では頻繁に使われ，[dB]（デシベル）値と呼びます。[dB] は基準値との比を表していることを忘れてはなりません。

　上記の p_0 に相当する音の強度はほぼ 10^{-12} W/m² となりますが，きりがよいので $I_0 = 10^{-12}$ W/m² と決めて，音の強度の別の表現法として，

$$L_i = 10 \log_{10} \frac{I}{I_0} \tag{2}$$

も用いられます。これは音の強度レベルと呼びます。定義の仕方から音圧レベルと強度レベルの値はほぼ等しくなります。

　簡単な計算をしてみましょう。空間の１点にある音源が 0.1 W のパワーの音を周囲に均等に放出していたとします。音源から r [m] 離れた場所 A には，このパワーが半径 r [m] の球面上に均等に配分されることになるので，A における音の強度は $I = 0.1 / (4 \pi r^2)$ [W/m²] となり，1 m 離れたところの強度レベルは約 96 dB となります。スピーカの能率などを表すのに，スピーカの軸上１ m 離れた点で 90 dB

** [W] はワットで，「仕事率」または「電力」の単位です。電気で用いられる [V・A]（ボルト・アンペア）と同じ次元をもちます。パワーとも呼ばれます。

（1 kHz）などと書かれているのを見かけますが，これはスピーカに1 W の電力の 1 kHz の正弦波を入力したときの音の強度を示しています。この計算では，音の強度が距離の 2 乗に反比例して，距離が増せば音が小さくなることが分かりますが，音波が球状に広がるから当然です。つまり音自体のエネルギーは距離が離れても減少しないと仮定しています。実際には空気分子どうしやホコリの粒子との衝突で，わずかずつでもだんだん熱エネルギーに変わりつつ，大げさにいえば宇宙に染み渡っていくことになります。

　物理的な音強度の問題は単純ですが，人間の感じる音の大きさ，すなわちラウドネス（loudness）の問題は複雑です。たとえば 1 kHz の正弦波の 2 つの音の大きさが同じかどうかを判断するのは，まあ簡単でしょうが，片方の音の振幅を 2 倍にしたときの音の大きさはどのように感じるのか，それをどのように表現するのかは簡単な問題ではありません。ましてや，2 つの正弦波の周波数が異なれば音の大きさの比較でさえ簡単ではありません。ともかく何か基準だけは決めておかねばなりません。そこで，1 kHz の音圧レベル a [dB] の音のラウドネスを a [phon]（フォン）と決め，他の周波数に関しては，

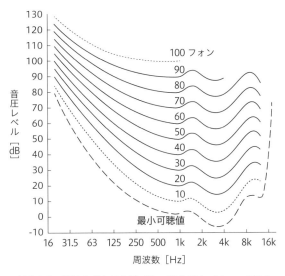

▲図 2-2　等ラウドネス曲線（Suzuki & Takeshima, 2004）

同じラウドネスと感じられる 1 kHz の音のラウドネスの値を用いる
こととします。後者は人間の判断によるものですから，昔から多くの
実験が重ねられてきました。図 2-2 はスズキとタケシマ（Suzuki &
Takeshima, 2004）によるもので，1980 年代以降の代表的なデータ
を集約してつくられました。これが現在の国際標準規格（ISO）の等
ラウドネス曲線の基準となっています。たとえば 40 phon の曲線を
みてみましょう。1 kHz では当然 40 dB SPL に対応しますが，
125 Hz では 60 dB あたりと思われます。すなわち 60 dB SPL の
100 Hz の音は 40 phon と感じられるということです。この図で示
された周波数範囲は 20 Hz 〜 12 kHz 程度ですが，人間の可聴周波
数範囲は音強度が十分であれば 16 Hz 〜 20 kHz といわれています。
ダイナミックレンジ（音として感じられる最大最小の音の強度の比）
は 120 dB 以上に及びますが，これはパワー比で 10^{12} にもなります。
もちろん非常に大きな音は耳に対して大変危険で，イヤホンやヘッド
ホンで音楽を聴くときには特に注意が必要です。一頃は電車の中のあ
ちこちから，シャカシャカとヘッドホンの音が漏れ聴こえてきました。
あれは，はた迷惑であるばかりか，自分自身が難聴になる危険性が大
です。ところが最近はあまりそのような音が聴こえません。それはイ
ヤホンの遮音性がよくなったり，ノイズキャンセリングイヤホンなど
の普及で，それほど大きな音でなくても車内で十分音楽が楽しめるか
らなのかもしれません。あるいは単に，スマホでゲームに励む人が増
えただけなのかもしれませんが。

　ところで等ラウドネス曲線を用いれば，同じ音量と感じられる音を
異なる周波数でつくりだすことはできますが，phon の数値は 1 kHz
の音の物理的な強度をそのまま用いたものですから，人間の感覚で音
が何倍になるかというような定量化は別問題で，それは音の知覚の問
題になります。

5. 倍音（高調波）

　ピアノがあれば鍵盤の真ん中のドの音（C4 と呼びます）より 2 オ
クターブ下のドの音（C2）を強く叩いてみてください。最近では無
料ソフトウェア音源でも結構よいピアノの音を出してくれますから，
同様に試してみてください。よく聴くと C2 以外にさまざまな音が聴

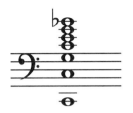

▲図 2-3　C2 の倍音系列

C3, G3, C4, E4, G4, B♭4．ピアノで C2 の音を叩くとすべて聞くことができる

こえてきます。ピアノの音が減衰するにしたがってよく聴こえてくる
音もあります。図 2-3 にはそのようにして聴こえてくる下から 7 番
目までの音が書かれてあります。最初は「まさかそんな！」と思うか
もしれません。7 番目の音（B♭4）を確かめるには，まず B♭4 の音
を出して頭で記憶してから C2 を強く叩きます。するとだんだん
B♭4 の音が聴こえてくるようになりませんか。一度聴こえると非常
に強く聴こえ，なぜ今まで聴こえなかったのか不思議なくらいになる
のが，また不思議です。これは聴覚心理学の研究対象となる問題でも
あります。西洋音楽史上最大の天才とも呼ばれるモーツァルトは，幼
児の頃に誰に教わることもなくこの現象に気づいて，父親を驚かせた
という話です。

6．周期性とフーリエ級数

　フーリエ級数の理論によると，周期的な関数 $f(t)$ はその周期を T_0
とし，その逆数を基本周波数と呼んで f_0 とすると，f_0 の整数倍の周波
数をもつ正弦波の和で表せます。周期的な関数とは，適当に T を選
べば t の任意の値に対し

$$f(t+T) = f(t) \tag{3}$$

と書けるような関数のことです。このような T をいつでも周期と呼
ぶこともありますが，普通はその中で最小のものを周期と呼びます。
なぜなら T_0 が周期ならば任意の自然数 n に対して $T = nT_0$ としても成
立しますから，「最小の」と言わないと周期が 1 つに決まらないから

です。このような $f(t)$ は（数学的にはもう少し条件がつきますが），

$$f(t) = a_0 + \sum_{k=1}^{\infty} \left(a_k \cos 2\pi k f_0 t + b_k \sin 2\pi k f_0 t \right) \tag{4}$$

と表せるというのがフーリエ級数の理論です。同じ周波数に対応する，サインとコサインの2関数が必要な理由は次のとおりです。三角関数の合成公式

$$a_k \sin 2\pi k f_0 t + b_k \cos 2\pi k f_0 t = \sqrt{a_k^2 + b_k^2} \sin(2\pi k f_0 t + \varphi_k) \tag{5}$$

により，サイン関数のみで書けますが，位相と呼ばれる φ_k が導入されます，これは図2-4のように，x-y 平面上で点 (a_k, b_k) から原点へ引いた直線と x 軸の成す角度です（$0 \leq \varphi_k < 2\pi$）。したがって2つの関数は振幅と位相の2つのパラメータを表すのに必要です。位相は角度ですが

$$2\pi k f_0 t + \varphi_k = 2\pi k f_0 \left(t + \frac{\varphi_k}{2\pi k f_0} \right) \tag{6}$$

と書けますから，時間軸方向の平行移動を引き起こします。つまり周波数の異なる正弦波を足し合わせるときの時間のずれ具合ということになります。これが違うと当然波形は変化します。ところで式（4）における係数はどんな数でもよいので，たとえば $a_1 = b_1 = 0$ も当然あり得ます。この場合，$a_2 = b_2 = 0$ でなければ含まれる最低周波数は $2f_0$

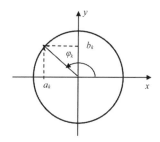

▲図 2-4　式（5）で表される正弦波を平面内のベクトル (a_k, b_k) で表す。
　　　　　その長さが振幅，偏角が位相を表す。

▲図 2-5　20 Hz の正弦波（破線）と，その第 5, 6, 7 次高調波のみででき た信号の波形（実線）。どちらも 50 ミリ秒の周期をもつことが分かる。

ですが，周期はその逆数になるとは限りません（奇数次の係数が全て 0 になればそうなりますが）。ときどき，信号に含まれる最低周波数 の逆数がその信号の周期だと早とちりしてしまう人がいますので，注 意が必要です。$a_k = b_k = 0$ となる k の組み合わせによって周期を変え られますが，$k = 1$ が周期に対応するように式を書くのが自然です。 そのように書いたとき，周波数 f_0 の音を基音（fundamental），周波 数 $kf_0 (k \neq 1)$ の音を k 次高調波成分（k-th harmonic，音楽的には第 k 倍音などとも）と呼びます。図 2-5 に挙げた例は $f_0 = 20$ Hz の正弦波 と，その第 5, 6, 7 次高調波のみをもつ信号の波形ですが，どちらも 周期は 0.05 秒（20 Hz の逆数）であることが分かります。

7. フーリエ変換と FFT

ところでピアノの音はだんだん減衰しますから，本来周期的とはい えないはずです。しかしもちろんピアノの音は立派な楽音です。ヴァ イオリンの音の振幅も音色も，たとえ楽譜上で 1 つの音を弾き続け るところでも，変化し続けるでしょう。われわれが歌う声は（音痴で あればあるほど！）その程度がさらに増すでしょう。だいたい，永遠 の過去から未来永劫続く周期的な音などあり得ません。あいまいな表 現ですが，短い時間でみればある程度周期的な音を楽音といっている， と解釈してよいでしょう。

このような音の場合，式（4）のような表現より適当な方法にフーリエ変換があり，実際の音の解析にはこれが頻繁に使われます。これをコンピューターで求めるアルゴリズムである FFT（Fast Fourier Transform：高速フーリエ変換）は，離散フーリエ変換（DFT）を高速で行うもので，いろいろな信号処理ソフトに必ずといってよいほどついています。本章はそれについて述べるのが目的ではありませんので詳述はしませんが，定義の式だけ挙げておきましょう。解析時間区間を $[0, T]$ 秒とします。すると周波数分解能（つまりこれ以上細かい周波数の違いは測れない）Δf は $1/T$ [Hz] となります。観測するサンプル数を N として等間隔 T/N 秒のサンプリング周期で観測・記録（数値化）します。このとき N 個の信号の系列 $x_0, x_1, x_2, ..., x_{N-1}$ に対してその DFT は

$$X_k = \sum_{n=0}^{N-1} x_n e^{-2\pi ikn/N}, \; k = 0, 1, ..., N-1 \tag{7}$$

で定義されます。ここで i は虚数単位，すなわち $i^2 = -1$ です。これを用いるともとの信号系列は「ナイキストの条件」（後述）の下，

$$x_n = \frac{1}{N} \sum_{k=0}^{N-1} X_k e^{2\pi ikn/N}, \; n = 0, 1, 2, ..., N-1 \tag{8}$$

により復元できます（音に戻すには離散時間の関数 x_n を滑らかにつないで連続時間信号にします）。音声信号をサンプリング周波数 $f_S = N/T$ [Hz] でサンプリングするとき，信号に対して十分高い f_S でないと，速い信号変化（高い周波数の成分）を逃すだけでなく，低い周波数成分（小さな k の X_k）に誤差として混入し式（8）によってもとの信号を復元できません。具体的には $f_S/2$ [Hz] 以上の周波数成分がもとの信号に含まれていないことが必要（ナイキストの条件）です。そのため信号にはサンプリングの前に鋭い遮断特性をもつ低域通過フィルタをかけます。

ところでオイラーの公式

$$e^{i\theta} = \cos\theta + i\sin\theta \tag{9}$$

を用いると，式（8）は式（4）と同じように三角関数の和であることが分かります。

例をみてみましょう。図 2-6a に示した波形は時刻 t 秒について

$$x(t) = 0.5\sin(2\pi130t) + e^{-4t}\sin(2\pi220t) \tag{10}$$

という信号の区間 0 〜 0.2 秒の波形です。周波数が 130 Hz の純音と，時間的に減衰する周波数 220 Hz の和ですが，少なくともこの図から式（10）を想像することは困難でしょう。これを音楽 CD と同じ 44100 Hz でサンプリングし，1 秒間の解析区間で離散フーリエ変換し（数値計算ソフト Matlab を用いると fft(x) と書くだけで計算でき

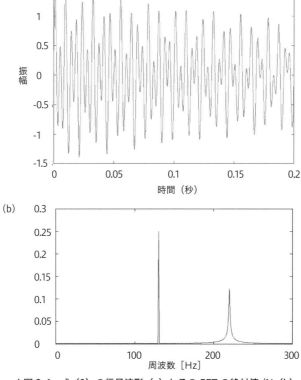

▲図 2-6　式（9）の信号波形（a）とその FFT の絶対値 /N（b）

ます！），その絶対値 $|X_k|$ を N で割ったものを示したのが図 2-6b で
すが，これはすっきりしています。横軸が周波数で表示範囲は 0 〜
300 Hz としていますが，130 Hz と 220 Hz に明確にピークが出て
います。解析時間が 1 秒なので，周波数分解能は 1/1 = 1 Hz ですが，
130 Hz のピークは孤立しているのに対し，220 Hz のピークは両側
に裾を引いています。この裾は信号が時間的に減衰しているために生
ずるものです。130 Hz のピークの値が 0.5 でなく 0.25 である理由は，
（たとえば）信号処理の教科で勉強してください。1 つ注意すべきこ
とは，フーリエ変換では 220 Hz 周辺には多くの周波数成分の音が
入っていることから，濁った音になってしまいそうですが，われわれ
の耳にはそのようには聴こえず，澄み切った 220 Hz の音が減衰する
ように聴こえることです。われわれの聴覚機構が，単にフーリエ変換
装置ではないことの 1 つの証左です。

　図 2-2 でみたピアノの C2 音の DFT をみてみましょう。ピアノの
音はある MIDI ソフトから直接に離散信号として得たものですが，も
ともとはグランドピアノの音をサンプリングしたとのことです。図
2-7 に結果を示します。縦軸は相対値と考えてください。倍音系列が
よく分かります。各ピークの足元をみますと，やはり裾が広がってい
ます。これはピアノの音の減衰によるものです。

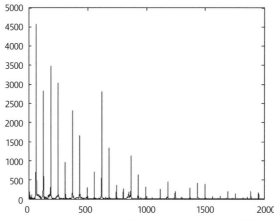

▲図 2-7　ピアノの C2 音（MIDI による）の FFT の絶対値

振幅の単位は任意

8. ピッチの知覚

　主観的な音の高さがピッチです。音楽を聴いたときにそれを鼻歌で繰り返して歌えるのは，聴覚がピッチ抽出をしているからです。音声言語における抑揚（イントネーション）もピッチ感覚に訴えるものです。ただ，われわれは話し言葉を聴いているときに，声の高低（男声か女声かなど）や抑揚（声の上がり下がり）ははっきり認識できますが，ドレミのような音楽的なピッチをほとんど意識しません。これは短時間に周波数が絶え間なく変化しているからでしょう（周波数をどのように定義してよいか分からないほど）。またかなり高い音，たとえば 6 kHz と 8 kHz の音を比較して，どちらが高い音か言い当てることは容易ですが，ドレミというような感覚はもてません。したがってピッチには単に高低が認識されるピッチハイトと，ドレミのように 1 オクターブ（周波数比が 2 の音程）を絶対的な基準とした音階上に配置された，ピッチクロマと呼ばれる音楽的なピッチがあることが分かります。

　音の高さだから周波数だろうと簡単に考えるかもしれませんが，そう簡単でないことは上の 2 種類のピッチのことを考えても想像できると思います。最初にピッチ知覚の原理について問題提起をしたのは 19 世紀の工学者オーガス・ゼーベック（Seebeck, A. 1805-1849）でした。彼は当時発明されたサイレンを用いてさまざまな音をつくりました。サイレンは回転する板の同心円上に穴を開け，空気が断続してその穴を通ることによって音になるものです。ですから穴どうしの間隔の規則性により，たとえば基本周波数成分をもたない音をつくるのも容易です。図 2-8 にはその原理図を示します。この円盤には 8 個の穴と 12 個の穴（便宜上形の違いで示した）がそれぞれ円周上に等間隔に開けてありますので，これを 1 秒間に 10 回転させたとします と，8 個の穴からは 1 秒間に 80 回，12 個の穴からは 120 回の空気のパルスが出ます（図 2-8b）。したがって，80（$= 2 \times 40$）Hz と 120（$= 3 \times 40$）Hz とその倍音が混在して発生します。それぞれの周期は $T_1 = 1000/80$ ミリ秒と $T_2 = 1000/120$ ミリ秒で和信号の周期は $T = 25$ ミリ秒となります。そこで基本周波数は 40 Hz となりますが，基本周波数は信号に含まれません。ゼーベックはそのような音に対し

ても人間は基本周波数を聴きとることができることに気づき，それは
聴覚による周波数分析だけでは説明できず，周期(ここでは25ミリ秒)
そのものを検出していると考えました。つまり波形の時間的なパラ
メータの検出です。この考えは当時の著名な学者ゲオルグ・オーム
(Ohm, G. S. 1789-1854，オームの法則の発見者)の猛反対に会い，
ゼーベックは苦労したようです。当時，フーリエ級数の理論がその強

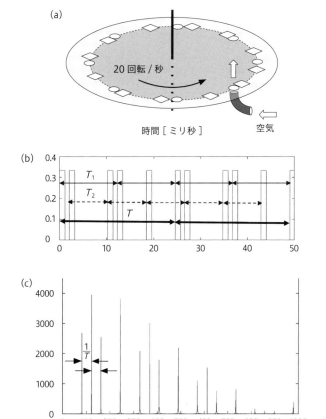

▲図2-8 （a）サイレンの原理図。1周8個と12個の2種類の系列の
穴が空いている（見やすいように2種類の形で書いた）。これ
を毎秒20回転して空気を吹き付けると（b）のような音圧波
形が得られる（模式的なもの）。これのFFTの絶対値を（c）
に示す。

力な問題解決力によって数学や物理の隅々にまで行き渡っていましたので，特に音響で扱うようなフーリエ級数展開に最も適した信号について，聴覚が周期を検出するという考え方は受け入れがたかったからと思われます。

　音信号の時間的処理の考えに対する反対意見には，神経細胞のインパルスの発火頻度が，最高でも約 1000 回 / 秒であることも関連していると思われます。しかしながらたとえば 4000 Hz に最高感度をもつ聴神経は（基底膜の 4000 Hz の位置から入力を受けていて），1 秒間に 4000 回発火はできなくても，多くの聴神経がたとえば 10 個の正弦波のうちの 1 個，しかも異なる波に対して発火すれば，全体として 1 秒間に 4000 個以上のインパルスを伝搬することはできます。また，両耳を使って約 1000 Hz 以下の周波数の音源の方向を検出する際，両耳からの音信号の時間差をもとにしていることが分かっていますが，その時間差の最小は 10 μ 秒ほどにもなるといわれています。これは明らかに聴覚系による微小な時間の処理の例です。現在では，聴覚系において，周波数とともに周期の検出も行われていることは疑われていません（Moore, 1982; Langner, 2015）。

9. 協和・不協和

　ピッチ認識と密接に関連するのが，2 つ以上の音を同時に呈示したときの協和・不協和の認知です。西洋音楽における協和・不協和の探求の歴史は，記録に残っているものとしてはピタゴラス（紀元前 6 世紀）の時代にまで遡りますが，現代でも研究者の興味を集め続けている問題です。和音を呈示したときに特定の音のピッチを強く感じるような和音が協和度が高くなる，というモデルがあります（Terhardt, 1974）。ラングナーはピッチの認知は信号の周期性の神経回路による認知だという立場ですが，それから必然的に協和度の認知が導かれると述べています（Langner, 2015）。乳幼児ではすでに協和に対する好みがみられる，といういくつかの報告（たとえば Schellenberg & Trehub, 1996）は，生来備わっている神経回路による認知ということになります。ところが最近，アフリカの奥地に住む西洋音楽に全く触れていない人たちの間では，西洋音楽での協和・不協和に対して反応がないという報告もあります（McDermott et al., 2016）。以下は

筆者の個人的見解ですが、そのような人たちでも、西洋音楽における協和・不協和の感覚は短期間のうちに身につけることができると思います。だからこそ、現在のように西洋音楽が世界中を席巻しているのでしょう。それは、われわれの聴覚系のうちに、周波数の整数比に対する好みが生来備わっているからで、それを繰り返し聴いているうちに意識にまで登らせるのは、困難なことではないと思われるのです。しかしそれを楽器などを使って発見し、体系的な和声法をつくりだすのには、西洋の合理的、科学的精神が必要だったのだと思うのです。それによって西洋音楽は和声というこの上ない魅惑的な武器を手に入れ、世界を席巻したのだと思います。読者はどう思われるでしょうか。

2節　耳の役割

　動物の中で耳と呼べる器官をもつのは昆虫と脊椎動物です。昆虫に到達する進化の系統と脊椎動物のそれは、約6億年前に枝分かれをして、われわれも昆虫もその枝の最先端にいますから、耳という器官は両者で独立に進化したものと考えて正しいでしょう。実際、昆虫の耳はその種類によって、ついている場所や性能に非常に大きな違いがあり、いまだに多くの発見が続いています。たとえばカマキリの耳は21世紀になって発見されました。ところが聴覚の感覚細胞自体の起源は、昆虫も脊椎動物も共通であることが最近分かってきました。

　耳は聴覚路の末梢にありますが、マイクロホンと違って単に音を電気信号に変換するだけでなく、すでに周波数分析の多くの部分を担っています。音をまず細胞内電位に変換する感覚細胞である有毛細胞は、内有毛細胞と外有毛細胞2種類合わせて、片耳で合計15000個程度しかありませんが、それらの細胞の存在する場所の受動的・物理的特性と、外有毛細胞を含む能動的な帰還回路の働きにより、われわれが環境音を認識したり、母国語や外国語を理解したり、音自体の美しさを感じ取るという実に驚くべきさまざまな聴覚機能のもとになる信号が耳でつくりだされ、脳に送られます。

　耳の構造は精緻でデリケートであるため、その生理学的研究は困難を極め、最近四半世紀に分かってきたことも多く、重要な発見や議論が続いています。本節では耳の素晴らしい機能に迫ります。

1. 外耳

　図 2-9 はわれわれの耳の全体を表しています。鼓膜までの経路が外耳，鼓膜から卵円窓までが中耳，卵円窓より奥が内耳と呼ばれています。これら 3 つの場所は膜で区切られているわけです。耳介は集音の働きをしていますが，頭の向きの変化と合わせて音の定位（発生場所を特定すること）に役立っています。音が来る方向によって，両耳に到達する時刻が異なったり，頭部の影になって周波数に依存して音量が変化したりします。それを表したものが頭部音響伝達関数と呼ばれるもので，たとえばヘッドホンによってできるだけ忠実な音環境の再生をしたいときなど重要になります。

　外耳道は直径約 0.7 cm，長さ約 3 cm の管で，その周波数特性には 3 ～ 4 kHz に共鳴によるピークがあります。等ラウドネス曲線（前掲図 2-2）にはその影響が，聴覚閾値の減少という形でみられます。音波は鼓膜で機械的な振動に変換されます。

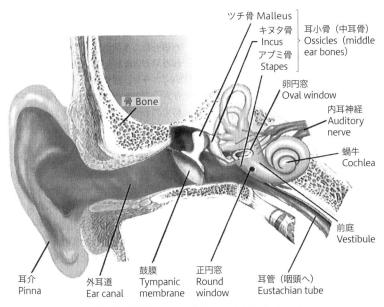

▲図 2-9　人間の聴覚器官（泰羅，中村監訳，2006）

2. 中耳

　鼓膜の振動については意外にも 21 世紀になってから解明されたことが多く，いまだに研究途上にあります。昔は，鼓膜は高い周波数の音に対して，スピーカやマイクロホンの振動板のように，音響伝達特性上好ましくないとされる分割振動をして，かなり乱れた特性を示すと思われていましたが，現在では，レーザー光を用いた人間の鼓膜の振動の精密な観察により，高い周波数に対しても鼓膜の表面には規則的なパターンが生ずることが分かっています。鼓膜には大脳から神経支配を受けている筋肉が腱を通じてつながっていて，調整を受けています。たとえば，発声する直前に収縮して鼓膜の振動を抑制したりしています。

　中耳の伝達系は，軽い空気の振動を重いリンパ液へ効率的に伝達するのが目的です。鼓膜の振動は（体内で最小の骨である）耳小骨と呼ばれる 3 つの骨（槌骨，砧骨，あぶみ骨）によって蝸牛の基部の卵円窓に伝えられます。各骨の間には通常の関節と同様，靭帯がついています。耳小骨は，テコの原理で振動振幅を小さくする代わりに力を強くします。耳小骨の運動の詳細な解析もやっと近年になって進んできています（Fuchs, 2010）。また鼓膜と卵円窓の面積比により，圧力比は（圧力は力を面積で割ったものなので）10 倍以上にもなります。

3. 蝸牛の構造

　内耳で聴覚に関連するのは蝸牛です。蝸牛は骨と同様の硬いもので，3 回近く巻いていますが，直線状にすると長さは 3.5 cm 程度となります。図 2-10 は蝸牛を非常に簡略化した模式図です。管の断面はライスナー膜と基底膜により，上から前庭階，中央階，鼓室階の 3 部分に分かれています。管の頂部で基底膜は消失し，前庭階と鼓室階の中の液体（外リンパ）は連続しています。中央階の液体（内リンパ）は外リンパとは厳密に隔絶しています。管の基部の下部にも窓（正円窓）があり，弾力性の膜で外と隔たれていますので，卵円窓の振動によって，非圧縮流体であるリンパ液が動くことができます。蝸牛は文字通りカタツムリのように頂部へ巻き進むにつれ細くなりますが，基底膜の幅は基部では約 0.04 mm，頂部では約 0.5 mm で，基部から

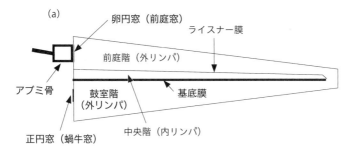

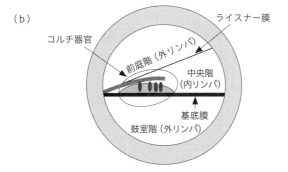

▲図2-10　蝸牛の模式図

（a）は蝸牛を引き伸ばしたとき，（b）は断面。コルチ器官については図2-14参照。

頂部に進むにつれて幅広くなります。また基底膜の物理的性質，具体的にはスチフネス（剛性）と密度が，長さ方向に変化しています。これは基底膜の幅方向に繊維が走っていて，その性質が長さ方向で変化しているためです。基部側が硬く軽く，頂点側が柔らかく重くなっています。基底膜の様子を観察した19世紀の多くの生理学者，物理学者は木琴の板の列の様子やハープの弦の列の様子を連想し，蝸牛もそのように，つまり基底膜のある部分がある周波数に共鳴するような働きをするのだろうと想像しました。それは半分正しかったのですが，実際はそう単純ではありません。

4．基底膜上の進行波

ベケシー（von Békésy, G. 1899-1972）は屍体から取り出した蝸牛を用いて，音の刺激に対して基底膜に発生する進行波を測定し，そ

の業績によりノーベル生理学医学賞を受賞しました。しかし当時から疑問だったのは，進行波の基底膜上の振幅分布で示される周波数選択性は，聴覚神経細胞が音刺激に対して示す鋭い周波数選択性を説明できないということでした。ベケシーはそのため，側抑制と呼ばれる神経回路を考えました。これは神経の出力が，周囲の神経の活動を抑制するというもので，神経系の多くの場所でみられるものです。しかし，そもそも屍体から得られた蝸牛標本は，生体の蝸牛の反応を十分反映しないということが，その後判明しました。蝸牛は側頭骨に埋もれ，それ自身，骨と同じような硬い蝸牛骨でできていますから，その中にある基底膜やコルチ器官の応答を調べるのは容易なことではありません。現在では，基底膜の基部（あぶみ骨側）に近いほうは下側からアプローチして，レーザー干渉計によってその振動などを測定できますが，蝸牛頂部付近は，基底膜やコルチ器官の機能を損傷せずにアプローチすることが極めて難しく，今までの研究成果は限られています。しかし現在では，生体の蝸牛の基底膜で発生する進行波は，ベケシーが観測したものより鋭い周波数選択性を示すことが分かっており，またそれには能動的な過程が関係していることも分かっています。

5. 表面波

　卵円窓が振動すると，リンパ液中を音波が縦波として伝搬しますが，他の媒体との境界である基底膜とライスナー膜においては，液体の表面と同じく表面波が伝搬します。この表面波が音感覚をつくります。ライスナー膜は基底膜と比較するとスチフネス（剛性）が桁違いに小さいので，そこでの表面波が基底膜の表面波に与える影響は無視できます。音の知覚は基底膜の振動で起こりますから，ライスナー膜の表面波は音にとって無視してよいと考えられます。

　表面波はどのようにして起きるのでしょうか。液体の圧力分布は，大学の流体力学という科目で学ぶ流体の運動を支配する方程式を，液体を取り巻く境界，すなわち蝸牛の壁（すなわち骨）と基底膜の物理的特性を組み入れた境界条件をつけて解くことにより求めることができます（この方程式の導入法と求解法を述べるのは，本書の範囲ではありません）。蝸牛の壁に囲まれた管の真ん中を，基底膜が上下に分けているという条件から（図2-11参照），基底膜の基部からの軸方

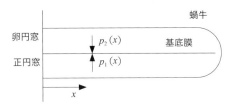

▲図2-11　蝸牛内の流体力学を考えるための簡単なモデル

向の距離を x とし，膜直下の部分の液体の圧力を $p_1(x)$，直上の部分の圧力を $p_2(x)$ とすると，この解は $p_1(x) = p_2(x)$ となるモードと $p_1(x) = -p_2(x)$ とに分解できることが示されます。上下の圧力が等しいモードは基底膜を変形させず（したがって基底膜は存在しないのと同じ），音波として速い速度で通過してゆきますが，音知覚には寄与しません。逆符号の圧力のモードが遅く伝搬する表面波をつくり，音知覚をつくります（Reichenbach, 2014）。

6．基底膜の共鳴

　簡単のためまず $p_1(x)$ と $p_2(x)$ が時間的に変化しない場合を考えますと，この部分での基底膜は圧力差に比例した変形をすると考えられますから，変形量は

$$X(x) = \frac{A(x)}{K(x)}\bigl(p_1(x) - p_2(x)\bigr) \tag{11}$$

のように書けることは直感的に理解できるでしょう。ここで $K(x)$ は膜の剛性すなわちスチフネスで，$A(x)$ はこの部分の面積です。硬ければそれだけ変形量は小さくなります。ここで注意することは，この部分の両隣の部分のことは考えなくてよいということです。基底膜はつながっていますから，一見変だと思われるかもしれませんが，圧力もスチフネスも x 方向に移動しても急には変化しないと考えれば，それも納得できるでしょう。ここまでは時間的に変化しない静水ですから音も何もありません。次に正弦波の音により，圧力が定常的な正弦波状に変化し，それに伴い $V(x)$ を正弦波状に変化する膜運動の速度と考えますと，（11）と本質的に同じ式ですが

$$V(x) = \frac{1}{Z}\left(p_1(x) - p_2(x)\right) = \frac{P_D(x)}{Z}, \quad P_D(x) = p_1(x) - p_2(x) \tag{12}$$

となります***。ただし $p_1(x)$, $p_2(x)$, $V(x)$ はそれぞれの正弦波の振幅と位相を表す複素数です（実は図 2-4 の平面を複素平面と考えたことと同じです）。簡単に複素振幅、あるいは単に振幅ともいいます。Z も複素数でインピーダンスと呼ばれます。このとき変位の振幅は正弦波の角周波数 ω の関数として

$$|X(\omega)| = \frac{X_0 Q}{\frac{\omega}{\omega_0}\sqrt{1 + Q^2\left(\frac{\omega}{\omega_0} - \frac{\omega_0}{\omega}\right)^2}} \quad \text{ただし} \quad \omega_0 = \sqrt{K/m}, \; Q = \sqrt{Km}/\xi \tag{13}$$

と表せます。ここで K, m, ξ はこの小部分のスチフネス、質量、抵抗（液体の粘性による）です。ω_0 を共鳴周波数、Q は単に Q 値と呼んでいます。次のパラグラフで式（13）の導出を簡単に述べますが、省略して進まれても結構です。

　インピーダンス Z は

$$Z = \frac{1}{A}\left(i\omega m + \xi + \frac{K}{i\omega}\right) \tag{14}$$

と表されます。式（14）は $Q = \sqrt{Km}/\xi$, $\omega_0 = \sqrt{K/m}$ とおくと

$$Z = \frac{\xi}{A}\left(1 + iQ\left(\frac{\omega}{\omega_0} - \frac{\omega_0}{\omega}\right)\right) \tag{15}$$

と変形できます。複素表示において速度 V と変位 X の間には $V = -i\omega X$ という関係があるので（i は虚数単位）、変位の振幅は式（12）より

*** これはフーリエ変換とかラプラス変換を用いて明らかになることです。微分方程式で扱う動的だが定常的な問題が式（12）のように静的な問題の方程式と同じ形にして解けることが重要で、特に信号処理技術では必須のテクニックです。

$$|X(x)| = \frac{|P_D|}{\omega|Z|} = \frac{|P_D|A}{\omega\xi\sqrt{1+Q^2\left(\dfrac{\omega}{\omega_0}-\dfrac{\omega_0}{\omega}\right)^2}} = \frac{|P_D|AQ}{K\dfrac{\omega}{\omega_0}\sqrt{1+Q^2\left(\dfrac{\omega}{\omega_0}-\dfrac{\omega_0}{\omega}\right)^2}}$$

$$= \frac{X_0 Q}{\dfrac{\omega}{\omega_0}\sqrt{1+Q^2\left(\dfrac{\omega}{\omega_0}-\dfrac{\omega_0}{\omega}\right)^2}} \tag{16}$$

と書けます。ここで $X_0 = |P_D|A/K$ であり，これは入力 P_D が一定値である場合に対する変位です。

　$X_0 = 1$ としたときの $|X(x)|$ のグラフを図 2-12 に示します。周波数は ω_0 で正規化してオクターブ数で表しています（1 オクターブは周波数が 2 倍であることを示します）。したがってこのグラフの角周波数範囲は $[\omega_0/2^2, 2^2\omega_0]$ となります。縦軸は dB 表示としてあります。$\omega_0 = \sqrt{K/m}$ のことを共鳴角周波数と呼びますが，これは高校物理で学習するバネと重りによる単振動の角周波数の式と同じです。基底膜は基部から頂部に進むにつれ柔らかくなり幅広くなりますから，K は基部からの距離 x の単調減少関数，m は増大関数となります。したがって ω_0 は x の減少関数となり，頂部にいくにしたがって共鳴周波数は低くなります。

　式（15）を参照してもグラフをみても，Q の値が大きいときにこ

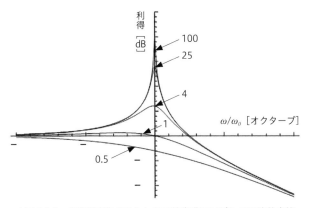

▲図 2-12　Q 値を変化させたときの基底膜のモデルの周波数応答

の周波数において，$|X(x)|$ が大きくなります。Q の値が大きいほど共鳴周波数における振幅は大きくなりますので，周波数選択性が上がります。電波を受信する機器においてこれはよい性能なので，性能指数としての Quality Factor という言葉から Q と呼ばれるものです。ですから，本来は周波数特性そのものから定義されるものですが，われわれの力学モデルの場合，上述の式で与えられます。

　式（16）からだけでは分かりませんが，Q が大きいと，正弦波の入力が停止しても基底膜の振動は直ちに停止せず，漸減します（バネと同じです）。これをリンギング（ringing）と呼んでいます。電気・機械工学では Q の値によって状態を分類して $Q < 0.5$，$Q = 0.5$，$Q > 0.5$ の状態をそれぞれ過制動，臨界制動，弱制動と呼んでいます。臨界制動から過制動にかけては，リンギングは起こりません。

　Q の値が大きくなるにしたがい ω_0 におけるリンギングが長く続きますが，それの知覚における反映を調べた，ゴールドらの実験（Gold & Pumphrey, 1948a）を紹介しましょう。5 kHz の正弦波の音 10 周期分と m 周期分の長さの無音区間を連結した刺激を，さらに 1 秒にわたり連結した刺激を A とします。刺激 B は 10 周期の正弦波の位相が毎回逆になるものです（図 2-13）。これもやはり 1 秒にわたり連結します。この図では $m = 10$ です。A と B を順に聴者に呈示し，違いが分かるかどうかを m を変化させて調べます。ゴールドらは，違いが分かるのは，10 周期の刺激の後から次の 10 周期が始まるまで，リンギングが続いていて，それとの比較ができるからと考えました。m を変えて実験すればリンギングの続く時間が分かり，それから Q を推定したのです。

　この方法で得た Q の推定値は，基底膜とリンパ液の物理的性質から得られる値より桁違いに大きくなってしまいました。ゴールドはそれを説明するため，蝸牛には増幅器の機能があり，それによる正帰還回路（positive feedback）によってつくられる負性抵抗が ξ を減少させて，その結果 Q を増大している（式16参照）のだと考えました（Gold & Pumphrey, 1948b）。それが蝸牛のどこにあるのか特定できませんでしたが，その考えは正しく，それが外有毛細胞にあることが現在では分かっています。次にそれについて述べます。

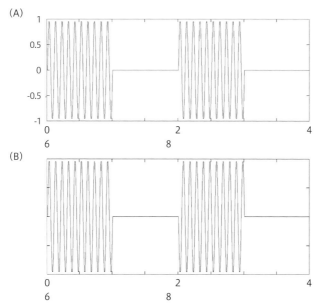

(A)

(B)

▲図 2-13　ゴールドが基底膜の Q を求めるために行った行動学的実験
　　　　　で用いた刺激（Gold & Pumphrey, 1948a）

5 kHz の正弦波のバーストを毎回同位相で（A），あるいは（B）作った刺激の差を
知覚する実験。無音区間の長さを変化させて成功率を求めた。

7.　コルチ器官と有毛細胞

　コルチ器官は基底膜の上についている部分で（図 2-14 に模式図を
示す），音知覚の心臓部です。何種類かの支持細胞，内有毛細胞，外
有毛細胞，網状板，ゼリー状の蓋膜などからなります。ライスナー膜
と基底膜によって，3 つの部分に分かれると述べましたが，基底膜に
はイオン拡散に対する障壁はなく，障壁をもつのはライスナー膜と網
状板です。有毛細胞は網状板の下に埋まっていて頂部のみ飛び出して
います。したがって有毛細胞の頂部は中央階の内リンパ液に，その他
の細胞体は外リンパ液とイオン組成の同じ液に浸されていることにな
ります。内リンパには陽イオンとして K^+ の濃度が高く，外リンパで
は Na^+ の濃度が高くなっています。

　有毛細胞は片耳で 15,000 ～ 20,000 個ほどありますが(LeMasurier
& Gillespie, 2006)，内有毛細胞が 1 列，外有毛細胞が 3 列，基底膜

の軸方向に沿って規則正しく並んでいます（図 2-15 参照）。これら
は（神経細胞ではなく）感覚細胞で，機械・電気変換のセンサーの役
を担います。それらの頂部には数十本の不動毛（stereocilia）の束が
出ています。その和名が適当かどうかは別として，この毛は，いろい
ろな細胞にみられる，柔らかに波打つような運動をする繊毛と違って，
まっすぐなままで，細くなった付け根の部分から全体が倒れるような
運動をします。また 1 つの束の中で毛の長さが長いものから短いもの
へと，順に規則正しく並んでいます。さらに各不動毛の横の面から，

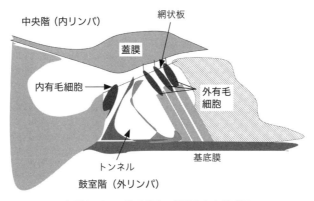

▲図 2-14　コルチ器官の簡略化した模式図

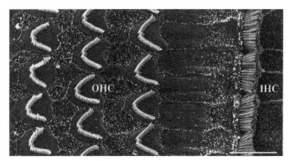

▲図 2-15　guinea-pig（テンジクネズミ）のコルチ器官の走査型
　　　　　電子顕微鏡像（Fuchs, 2010）

蓋膜は除去され網状膜が現れている。OHC: 外有毛細胞，IHC: 内有毛細胞。ど
ちらも頂部の毛束のみ見える。OHC は 3 列，IHC は 1 列に並んでいる。右下
のスケールバーは 10μm。

隣のより短い毛の頂点へタンパクの一種からなるリンクが伸びていま
す。このリンクを切断処理すると，有毛細胞の運動－電気変換の作用
は消失しますので，本質的な役割をもつことが分かります。多くの実
験とシミュレーションによる数値計算結果から，現在ではこのリンク
が毛の先端部にある陽イオンのゲートを機械的に開閉していると信じ
られています。図 2-16 で毛束が右に倒れるとリンクに引っ張られる
形となるので，ゲートが機械的に開くのです。毛の動きにより細胞体
に陽イオンが流入し，細胞内電位が正側に変化します（これを脱分極
と呼びます）。

　内有毛細胞は蝸牛核神経節細胞にシナプス接続しています。内有毛
細胞は細胞内電位が上昇すると，神経伝達物質であるグルタミン酸を
シナプス部分から放出し，それを受けた蝸牛核神経細胞はインパルス
を発生します。これが複雑な経路をたどって大脳皮質まで到達する，
聴性インパルス信号の最初のものです。

　ところで中枢に聴覚信号を送っているのは内有毛細胞で，その 3 倍
もの数が存在する外有毛細胞は，中枢へ信号を送る経路に関わってい
ません。その代わり，細胞内電位の変化を自身の伸縮運動に変換して
いることが分かったのです。しかもその追随性は極めてよく，動物に
よっては 100 kHz 近くの音（われわれにとっては超音波）に反応し
て同じ速さで振動します。その結果，基底膜に振動が正帰還されるこ

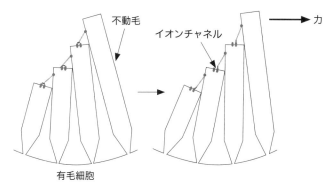

▲図 2-16　有毛細胞の不動毛（stereocilia）が傾いて，隣の毛の頂
　　　　　部にあるイオンチャネルを機械的に開ける様子の模式図
（Reichenbach & Hudspeth, 2014 より改変）

とになります。これは能動的な働きですので，蝸牛増幅器などと呼ばれます。たとえば電子回路のフィルタ回路に正帰還を施しますと，周波数選択性をより鋭くし，感度を増大させることができます。これは前節で述べた，粘性による抵抗ξを打ち消すような負性抵抗をつくり，大きな Q を得ることに対応しています。それによりわれわれの耳は鋭い周波数選択性と高い感度を得ていると考えられています。哺乳動物において，閾値レベル（聴こえる最弱音）付近の音に対する感度は，能動的な働きがないときと比較して 40 dB ほど高くなっていることが分かっています。

　われわれの筋肉や細胞内運動に関与するアクチンとミオシンという 2 種類のタンパク質の滑り運動では，外有毛細胞の伸縮のような高速の動きには対応できません。外有毛細胞の細胞膜にはプレスチンという，細胞膜電位に反応して伸縮する圧電効果のような作用をもつ膜タンパクが非常に多く埋まっていて，その伸縮が機械的に細胞自体を伸縮させることが分かっています。

　このようにして蝸牛全体は，多くのフィルタをもつ周波数解析装置のような働きをもちます。周波数の情報は位置の情報に変換されるわけです。各位置にある内有毛細胞からシナプス接合を受けている蝸牛神経核細胞は，内有毛細胞の電位が上昇するのに同期してインパルスを発生します。したがって，インパルスには刺激の時間的な情報が残されていることにも注意する必要があります。基底膜の位置と周波数の関係（トノトピーと呼ばれます）は，大脳皮質の聴覚野まで保存されます。こうして，音の周波数に関する情報と時間に関する情報の両方が，前述のピッチ知覚に対して重要な役割を担うことになります。

　ところで外有毛細胞の伸縮は基底膜を振動させることになりますから，その音が逆向きに伝搬して耳の外へ漏れます。これを耳音響放射（otoacoustic emission）と呼び，ケンプ（Kemp, 1978）によって発見されました。新生児の聴覚のスクリーニング検査に用いられています。耳音響放射があれば，最低限，聴力レベルにして 40 dB の聴覚があることが分かります。しかし現在でもその発生や伝搬については不明な点も多く，研究が続いています。

　われわれの有毛細胞は一度損傷を受けると再生しないので，それによる難聴は生涯治癒しません。ところが鳥類の蝸牛の有毛細胞は再生

することが分かっています（Atkinson et al., 2015）。その機構には
まだ不明な点が多いのですが，その研究の結果が，病気や耳の酷使や
加齢による難聴にとって福音となる可能性も，（若い読者は）期待で
きるかもしれません。

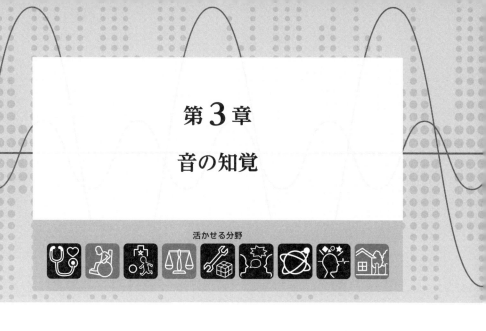

第3章

音の知覚

　カフェテラスで友達との話に夢中になっています。気づくと，まわりに人が増え，傍を車が走ることもあり，かなりの騒音の中で友達と会話をしていました。これは日常で当たり前のようにある光景ですが，音が多数ある中で友達の声を聴きとることは，現代の技術でも容易くできるものではありません。本章では，日常の生活に隠された聴覚系の優れた働きぶりをみていきます。前半では，さまざまに入り混ざった音を聴き分ける聴覚系の仕組み，さらに，聴きとりたい音が他の音にかき消された場合の復元能力について解説します。後半では，時間知覚という，聴覚系が性能的に特化している働きについて解説します。

1節　雑音があっても声が聴きとれるのはなぜだろう

1. 聴覚の情景分析と音源分離

　先の章で，聴覚の利点は全方位にある外界の情報を獲得できることであり，さらにはものの陰に隠れた，つまり眼に見えない出来事を察知可能なことであることを学びました。しかし，このような利点を実現するためには，1つ重要な問題を聴覚系は解決しなければなりません。耳に到達する音波は，友達や車，犬などのさまざまな音源からの音が入り混ざったものです（図3-1）。これらの音を聴き分けるため

▲図 3-1 様々な音源からの音波が入り混ざって耳に到達する

には，混合音波を「この分は友達の声，この分は車の音……」と，もとの音源に対応する音波に分解する作業が必要になります。これは絡まっている糸を一瞬でほどくようなものです。このように混合音波からもとの音源に対応する音波を抽出することを音源分離（sound source separation）といいます。

　視覚であれば，見たくないものは目をそらすか，目をつむればよいでしょう。聴覚においても，特定の音だけを聴きとるために手で囲いをつくり，邪魔な音を遮ることがありますが，限界はあります。聴覚において，全方位の情報が取り入れられるという利点と，あらゆる情報が同時に入力されてしまうという問題は切っても切り離せない関係にあるのです。それにも関わらず，ある程度の範囲であれば，私たちは複数の音を聴き分け，友達や車や犬といった音源が存在することを認識できます。ブレグマン（Bregman, 1990）の提唱した聴覚の情景分析（auditory scene analysis）という用語は，耳に入力された音波を分解して外界に存在する情報（音源）を認識する聴覚の働きを指して用いられます。

　ヒトではなく機械に目を向けてみます。現在，音源分離をコンピューターに行わせる技術が目覚ましい発展を遂げています。コンピューターの音源分離の能力をヒト以上に向上させることができれば，多大な騒音の中で微小な音を発している音源を検出し，これにより，たとえば，ガレキの中の被災者を見つけて救助するといった応用展開が可能になります。そして，実際にこれを可能とするシステムが開発されています（Bando et al., 2015; 奥乃・中臺, 2010）。

　しかし，このような装置はマイクを複数配置しているのが通例です。ヒトでいうと耳を3つ以上頭につけているようなものです。マイク

を複数箇所に配置することで，あらゆる方向からの音が検出可能になることは直感的に分かりやすいと思います。一方で，ヒトの耳は2つだけです。しかも，片方の耳をふさいでみれば分かりますが，もう片方の耳だけでさまざまな音源を認識できることが分かります。片方の耳しか聴こえないからといって，存在する全ての音源が一緒くたになり，わけの分からない音が聴こえているということにはなりません。つまり，入力チャンネルが1つだけでも音源分離を可能にする仕組みが聴覚系には備わっています。このような仕組みが明らかになれば，それをコンピューターのアルゴリズムに実装することで，チャンネル（マイク）を増やすのが現実的に難しい（スマートフォンのようにコンパクトさが求められる）ハードウェアであっても優れた音源分離が可能になるかもしれません。こうなれば，ロボットと自由闊達にコミュニケーションがなされる未来も夢ではありません。

　もっとも，脳の神経回路網を模した機械（深層）学習や多変量解析を利用することで1つのチャンネルだけでも音源（話者）分離を可能とする技術は開発されていますが（三菱電機, 2017; 牧野ら, 2003），この問題に対して別のアプローチがあり得ることを今からみていきます。コンピューターがヒト以上の水準で音源分離を可能とする世の中になったとは言え，音響心理学の観点から音源分離ないしは聴覚の情景分析を研究することには依然として意味があります。

2. 体制化，音脈分凝

　聴覚の情景分析を可能にする聴覚の働きとして重要視されるのは体制化（organization）です。これは一言で表すと「複数の感覚入力からまとまりを形成する」働きです。この説明だけだとよく分からないと思いますので，実例をみてみましょう。

　周波数の異なる2つの音を交互に鳴らします。横軸に時間，縦軸に周波数をとると，この音列は図3-2のように表されます。この2音の周波数の差を変化させます。2音の周波数が十分に近ければ，2音は1つのまとまり（音列）をなすように聴こえますが，2音の周波数が離れると，低いほうの音によるまとまりと高いほうの音によるまとまりに分かれ，2つの音列があるように聴こえます。このように複数の音がまとめられたり，いくつかのまとまりに分離されたりするこ

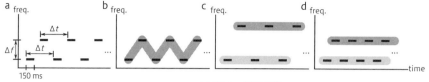

▲図 3-2　音脈分凝

１つの音脈として知覚されている２音（b）の周波数的距離（Δf）を広げること
で（c），もしくは同じ周波数の音同士の時間的距離（Δt）を縮めることで（d），
２つの音脈に分凝される。同じ音脈にまとめられる音を灰色および薄灰色で示した。

とを指して体制化という用語が用いられます。そして，知覚される音
のまとまりのことを音脈（auditory stream）と呼び，ここで述べた例
のように１つの音脈から２つ以上の音脈に分かれることを音脈分凝
（auditory stream segregation）と呼びます（Bregman & Campbell,
1971; Micheyl et al., 2005; Miller & Heise, 1950; van Noorden,
1975）。

　この話が音源分離とどのように関係しているのか疑問に思ったかも
しれません。実は，この音脈の形成が音源の検出にそのまま結びつい
ていると考えられています。自然界の物体がどのように音を発するの
かを考えてみると分かりやすいので，身近な例としてヒトの発声を挙
げます。私たちが声に出すことのできる音域（音の高さの範囲）には
限りがあり，その範囲は個体によって変化します。男性に比べて女性
のほうが音域は高いですし，同じ性別でも人によって出すことのでき
る音域が異なります。楽器でみても，ヴァイオリン，ヴィオラ，チェ
ロなどの弦楽器はその形状と大きさによって鳴らすことの可能な音域
が変わります。これは言い換えると，あらゆる範囲の周波数の音を鳴
らすことが可能な物体は存在しないということです。したがって，周
波数に大きな差がある２音が連なる場合は，それらが同一の音源か
ら生じたものとは考えにくく，互いに異なる音源から発生したものと
して２つの音脈に分けてしまうのが妥当な推論といえます。おそらく，
このような帰納的推論（ヒューリスティクスとも呼ばれます）は，自
然界への適応という長い進化の過程で脳に染み付いたものであると考
えられています。この考えは，聴覚の情景分析の提唱者でもあるブレ
グマン（Bregman, 1990）によって主に述べられたものであり，聴

覚の情景分析における体制化の役割を進化論的観点から説明したという点で画期的なものでした。

　音脈分凝を引き起こす音の時間／周波数的配置には法則性のあることが知られています。これはゲシュタルト原理もしくはゲシュタルト法則（gestalt principle）と呼ばれており，本書ではそのいくつかを紹介します。なお，ゲシュタルト法則は，主に視覚の形状知覚で研究されてきたものです。興味がありましたら視覚の教科書や文献をご覧になるとよいでしょう（大山, 2000; Wagemans, Elder et al., 2012; Wagemans, Feldman et al., 2012）。

　上の交代音列の例でみたように，2音の周波数が互いに近いときには1つの音脈が形成され，2音の周波数を引き離すと，周波数の高い音どうし，そして低い音どうしでそれぞれ音脈が形成されます。つまり，周波数の近い音どうしが音脈を形成しやすく，これを周波数近接の原理（principle of frequency proximity）と呼びます。さらに，2音の交代テンポを速め，高い音どうしの時間的距離，そして低い音どうしの時間的距離を縮めると，音脈分凝が促進されます。このように時間的に近い音どうしが音脈を形成しやすいことを時間的近接の原理（principle of temporal proximity）と呼びます。

　別のパターンをみてみましょう。図3-3のように，複数の周波数成分が同時に鳴るパターンです。これらの成分の周波数が下から順に，f_0, $2f_0$, $3f_0$……というように基本周波数f_0に対して倍数関係にあるとき（先の章で説明したように調波複合音と呼ばれるものです），これらの成分は1つの音として知覚されます。一方で，そのうちの1

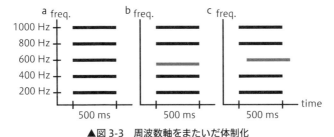

▲図3-3　周波数軸をまたいだ体制化

薄灰色で示した倍数関係からずれた成分（b）や開始部・終止部が時間的にずれた成分（c）は他の成分から分凝しやすい。

つの周波数をずらして倍数関係から外すと，この成分は他から分離されて（他から浮き上がって）知覚されます（Moore et al., 1986）。このように，基本周波数に対して倍数関係にある（調波的な関係にあるといいます）成分が1つにまとめられやすいことを調波性の原理（principle of harmonicity）と呼びます。さらに，成分の開始部および終止部が同期しているか否かも体制化に影響を与えます。上のパターンで，全ての成分が同期して開始すれば，1つの音として知覚されやすく，逆に，開始のずれた成分があれば，それらは他から分離して知覚されやすくなります（Darwin & Sutherland, 1984; Holmes & Roberts, 2006; Rasch, 1978）。これに対する正式な名称はありませんが，開始部および終止部の同期の原理（principle of onset/offset simultaneity）と呼ぶことが可能でしょう。

3. 耳が2つあることを利用した聴覚の情景分析

　これまで単耳のみで機能する聴覚の情景分析の仕組みについて説明してきました。ここで視点を変え，耳が2つあることは聴覚の情景分析に利用できるかどうかを考えてみましょう。今，自分の正面右に音源があるとします。この音源は自分の左耳よりも右耳に近い位置にあるため，そこから発せられる音波は左耳に比べて右耳により早く，より強い強度で到達します。音の到来方向の知覚は空間定位（spatial localization）と呼ばれ，今述べたように，音源の水平面上（左右方向）での位置は，主に左右耳間での音波の到達時刻と到達強度の差によって定まります（空間定位の詳細は他書をご覧ください。Moore, 1989; Warren, 2008）。大雑把な考えですが，音の到来方向の知覚をそのまま音源の検出とみるならば，左耳により早く，より強く辿り着いた成分は左側の音源から生じたものとして，右耳により早く，より強く辿り着いた成分は右側の音源から生じたものとして認識することが可能です。これは一見すると，単耳を用いた方法，すなわち音脈の形成をもって音源の検出とする推論方法よりも直接的であり，効果が強そうです。

　しかし，音源の検出において空間定位はそれほど強い役割をもたないのではないかと考えられています。一例として，音階錯覚（scale illusion）をみてみましょう（Deutsch, 1999）。図3-4aに示すように，

▲図 3-4　音階錯覚（a）とチャイコフスキー交響曲第 6 番第 4 楽章冒頭部（b）

知覚される音脈を灰色と薄灰色とで示した。

ヘッドホンを使い，左耳と右耳とに異なるメロディを呈示します。音の高低は左右耳の間で互い違いに変化します。しかし，このようなパターンでは，図 3-4a 下端に示すように，周波数近接性に基づく音脈分凝が生じます。すなわち，高音域側で高さが下降してから上昇する音列と，低音域側でそれとは逆方向に変化する音列とがあるように知覚されます。左耳もしくは右耳のみに呈示されるメロディを全体から抜き出して聴きとろうとしても容易ではありません。つまり，単耳でも機能する周波数近接性の原理が，音が左もしくは右にあるという，耳が 2 つあることを利用した空間定位に勝ってしまうのです。

　以上は実環境に照らし合わせたときに，何を意味しているのでしょうか。先ほど，左右方向の音の到来方向は，左右耳に音が到達する時刻と強度の違いで判別できるといいました。しかし，自然界は反響音に満ちています。1 つの音源からの音は拡散し，壁を反射して，さまざまな方向から耳に到達します。これにより，音源の位置と耳に入射する音波の方向との対応が一意ではなくなってしまいます。反射音はいたるところに存在し，しかも反射の仕方は場所によっていかようにも変わります。音が到達する時刻と強度の両耳間での違いは場面状況によって変わるため，これをもって音源の検出を行うのは頼りないのです。一方，周波数は場面状況によって大きく変わるものではないため，聴覚系はこれを音源分離の手がかりとして優先すると推測できます（Bregman, 1990）。この優先順位が特殊な音パターンで現れるのが音階錯覚であるといえます。

　実は，この音階錯覚とよく似た効果が現れる音楽が存在します。チャ

イコフスキーの交響曲第 6 番「悲愴」，第 4 楽章における冒頭の主題では，図 3-4b に示すように，第 1 ヴァイオリンと第 2 ヴァイオリンとが互い違いに音の高低を変化させます。しかし，聴取者の耳には，周波数近接の原理に基づく体制化が生じ，図 3-4b 下端に示すメロディが知覚されます。チャイコフスキーがこのような作曲をした理由は，空間的な広がりをもたせたかったからとか，不安定さを演出したかったからとか，さまざまに想像を巡らすことができます。少なくとも，当時の作曲家が楽器の空間配置よりも周波数近接性に基づくメロディ形成のほうが幾分勝ることを心得ていたのは確かなようです。

4. 聴覚的補完，連続性の知覚

　さまざまな音を聴き分ける聴覚の仕組みを語るうえで外せないのが，その補完能力です。コンサートを聴いている場面で，誰かが咳をしたとします。この咳を切り取ってみれば音楽の一部をかき消す（マスクする）ほどの強度を有している場合があります。しかし，それをもって音楽が途絶えたような印象を私たちが抱くことはありません。これは音楽の前後の文脈に応じて，欠けた部分を補完する能力が聴覚系に備わっているからであると考えられます。

　以上の状況を単純化した音パターンで生じるのが連続聴錯覚（auditory continuity illusion）です（Bidelman & Patro, 2016; Miller & Licklider, 1950; Petkov et al., 2007; Thurlow & Elfner, 1959;

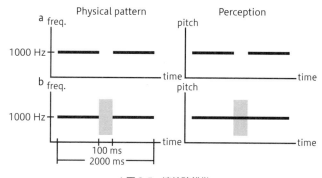

▲図 3-5　連続聴錯覚

途切れて聴こえる音（a）の途切れの部分に相対的に強度の高い別の音を挿入すると，途切れているはずの音がつながって聴こえる（b）。

Warren et al., 1972)。図 3-5 に示したように，途切れて聴こえる音（例：正弦波）の途切れの部分に別の音（例：雑音）を挿入すると，途切れているはずの音がつながって知覚されます。上のコンサートの場面の例から分かるように，この錯覚は非言語音に限らず，楽音（Sasaki, 1980）や言語音（Shahin et al., 2012; Tsuzaki et al., 2003; Warren, 1970）においても生じます。概して，挿入音が不連続音に比べて高い強度にあるときに生じやすく，挿入音が弱まると生じにくくなります。途切れが長くなると，錯覚が生じにくくなります。

　もう一つ，音の連続性に関わる錯覚を紹介しておきましょう。図 3-6b に示したように，周波数－時間軸上で交差する長い音と短い音のうち，長い音のほうに途切れを加えると，その途切れが長い音ではなく短い音にあるように知覚されます。つまり，途切れているはずの長い音はつながって聴こえ，つながっているはずの短い音は途切れて聴こえます。これを空隙転移錯覚（gap transfer illusion）といいます（Nakajima et al., 2000）。短い音に着目すれば，つながっている音が途切れて聴こえるわけですから，聴覚系は欠けた音を補完するばかりではないようです。空隙転移錯覚の説明として，音の開始部と終止部とに近接の原理を適用したものが提案されています（Kanafuka

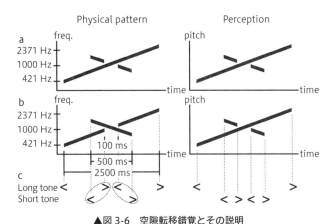

▲図 3-6　空隙転移錯覚とその説明

a では，物理的内容通りに，短い音に挿入した途切れが短い音にあるように知覚される。しかし，b では，長い音に挿入した途切れが長い音ではなく短い音にあるように知覚される。c では，近接性により結びつけられる開始部（<）と終止部（>）を丸で囲んだ。

et al., 2007; Kuroda et al., 2012; Kuroda et al., 2009; 中島ら，2014）。図 3-6c に示したように，短い音の開始部はそれと近接した途切れの直前の終止部と結びつき，途切れの直後にある開始部は短い音の終止部と結びつきます。途切れをなす終止部と開始部は短い音に割り当てられたため，長い音はつながって知覚されます。

　以上，聴覚系が全方位の情報をとらえられるという利点を実現するために，音源分離の問題をどのように解決しているかについて論じてきました。聴覚系は，周波数近接といった体制化の法則に基づいて時間的に連なる音をまとめあげ，音源と対応づけます。しかし，複数の音源から同時に音が鳴る状況では，ある音が別の音を部分的にかき消してしまっている場合がいくらでも生じます。それに対し，聴覚系は欠落した情報を補完する能力を有しています。これにより，多様な音環境から連続した意味のある情報を，他と混交させることなしに抽出することが可能になっていると考えられます。

2 節　時間を計るのに特化した聴覚系

1. 時間精度と誤差

　ここからは，聴覚系が得意とする時間知覚の働きに目を向けてみましょう。音と時間というと，音楽のリズムを思い浮かべる人が多いかもしれません。しかし，時間的な処理が必要になるのは音楽だけではありません。英語の授業で，アクセントの位置を意識してリズムよく発音しましょうと教えられた経験はありませんか。各国言語を聴いたときに，言語ごとにリズム的な特徴があるのを（何となくでも）感じたことがある人は多いはずです。日本語単独でみても，坂と作家のように「さ」と「か」の時間的距離で意味が変わることから，言語の知覚には時間間隔の計測が必要であることが分かります。

　もちろん，時間は音だけでなく光の明滅や振動によっても感じることができます。しかし，拍を刻んでくださいと言われたとき，心の中でコツコツ……と音を鳴らす場合がほとんどではないでしょうか。光の点滅や皮膚に触れられているイメージを想起する場合はそう多くないと思います。これは聴覚系が何らかの形で時間の処理に特化しているからだと考えられます。

さらに，音のリズムにはヒトの動きを左右する力が存在します。何らかの歌を聴きながら，それとは異なるリズムやテンポの歌を歌うのは難しいものです。これは運動のリズムが音のリズムに非随意的に同調してしまうからだと考えられます。この同調もしくは引き込み（entrainment）の現象を利用して，音のリズムを呈示することで歩行障害のリズムを整え，機能改善を目指すというリハビリテーションへの応用事例もあります（Uchitomi et al., 2013）。時間といえば音をなくして，その仕組みを論じることは難しいようです。

　さて，聴覚系が時間の計測を得意とするといいましたが，これはどのような事実からいえるのでしょうか。これは多少込み入った話になりますので，まずはストップウォッチを例にとり，その性能を評価するにはどうしたらよいかを考えてみます。今，あるストップウォッチが（スイッチオン／オフの遅れはないとして），9秒の事象を測ったときには9.2秒という値を表示し，10秒を測ったときには10.2秒という値を表示し……というように，毎回0.2秒大きい値を出力したとします。この0.2秒という値は（恒常）誤差と呼ぶことができます。誤差が小さいほうが性能がよいということは分かりやすいと思います。

　それでは次の場合はどうでしょうか。10秒の事象を5回計測したとします。ストップウォッチAは10秒，9.5秒，11秒，10.5秒，9秒という値を出力しました。ストップウォッチBは8秒，10秒，12秒，6秒，14秒という値を出力しました。このとき，平均値はどちらも10秒であり，誤差は0となります。しかし，それをもって両者の性能が同じという人は少ないでしょう。最小値−最大値がAでは9〜10秒，Bでは6〜14秒というように，Aに比べてBでは値がばらつくからです。これは精度の問題です。

　ところで，上のストップウォッチAでは，10秒に対して±1秒の範囲で値がばらつきました。これは見方を変えると，このストップウォッチにおいては，9秒から11秒までの時間は10秒と区別のつかないものであったといえます。10秒を測るときには，9秒と答えても11秒と答えても，このストップウォッチにとっては違いのあるものではないので，9秒から11秒の範囲で無作為に値が出力されたといえます。この観点では，±1秒の範囲とは10秒との「違いが分からない」時間の範囲を指していることになります。

ヒトの時間知覚においては，この「違いが分からない」範囲を実験により測定し，精度の指標とします。実験の詳細は他書に譲りますが (Gescheider, 1997; 黒田・蓮尾, 2013; Kuroda & Hasuo, 2014)，心理物理学 (psychophysics) という手法を用いて，弁別閾 (discrimination threshold) もしくは丁度可知差異 (just noticeable difference) という値を求めます。この値は，違いの分かる最小の差を意味し，たとえば，弁別閾が 0.1 秒といったときには，該当の時間間隔の長さが 0.1 秒以上変われば（たとえば，1 秒が 0.9 秒以下もしくは 1.1 秒以上になれば），短くなった，もしくは長くなったことが分かるということを意味します。

　このようにして弁別閾を求めると，聴覚では，視覚や触覚に比べてその値が小さいことが分かっています (Grondin et al., 2017)。つまり，聴覚では，より細かな時間の違いが聴き分けられます。たとえば，2 つの刺激によって区切られる時間間隔が（1 番目の刺激から 2 番目の刺激までの無音時間が）500 ミリ秒のときの弁別閾は，聴覚刺激ではおよそ 20 から 30 ミリ秒 (Grondin, 1993; Grondin & McAuley, 2009)，視覚刺激ではおよそ 35 から 70 ミリ秒であることが分かっています (Grondin, 1993; 2001a; Grondin & McAuley, 2009)。触覚刺激では 55 ミリ秒と (Grondin et al., 2011)，視覚刺激に近い値です。なお，弁別閾の厳密な計算法は研究によって異なるため，ここではグロンダン (Grondin, 1993) の方法に合わせ，以上に挙げた文献のデータに基づいて著者が再計算を行いました。

　聴覚系の時間精度がなぜ高いのか，その原因を特定するのは容易ではありません。研究者によっては，感覚モダリティごとに異なる時計が脳に備わっていて，その性能が弁別閾に反映されていると考える人たちがいます (Grondin, 2001b; 2010)。しかし，視細胞では光に対する化学的変化が神経信号として伝えられ，聴細胞では機械的振動が神経信号として伝えられるというように，入力段階での違いがありますので，単純にそのことが弁別閾に反映されている可能性も否定できません。原因はともかく，聴覚系の時間精度が高いおかげで，より繊細なリズムを表現することが可能になり，音楽のような時間芸術が発達したのではないかと想像することができます。

2. 精度を変える

　聴覚の時間精度に関して，他の感覚モダリティと比較しながら論じてきました。しかし，同じ聴覚であっても，音の内容によって精度が変化します。いちばん単純なのは，時間間隔を区切る音の長さを変えることです。ある音から次の音までの時間間隔は（何も刺激が存在しませんので）空虚時間と呼ばれますが，この空虚時間に対する弁別閾は，それを区切る音の長さを伸ばすことで，値が大きくなります（Grose et al., 2001; Kato & Tsuzaki, 1994; Kuroda et al, 2013; Penner, 1976）。ラムゼイヤーとルトナー（Rammsayer & Leutner, 1996）の実験 2 を例に挙げると，音の終止部から次の音の開始部までの長さが 900 ミリ秒の空虚時間に対する弁別閾は，区切り音の長さが 3 ミリ秒のときは約 18 ミリ秒であり，区切り音の長さが 300 ミリ秒になると約 35 ミリ秒に増加します。このように，同じ長さの空虚時間であっても，より長い音で区切られることによって精度が悪くなります。

　精度を変える要因をもう 1 つ紹介しておきましょう。多観察効果（multiple look effect）とは，同じ時間間隔を反復呈示することで，時間精度が向上する現象を指します（Drake & Botte, 1993; Miller & McAuley, 2005; Schulze, 1989）。図 3-7a に示したように，3 つの音によって区切られる隣接した 2 つの時間間隔のうち，先の時間間隔（標準時間）に比べて後の時間間隔（比較時間）のほうが短いか長いかを答えさせる実験を行います。このとき，標準時間を図 3-7a' のように繰り返し呈示すると，標準時間と比較時間の差がより小さくても，どちらが短いか長いかを正しく答えられるようになります。テン・ホーペンら（ten Hoopen et al., 2011）の実験 3 のデータによると，200 ミリ秒の標準時間を 1 回だけ呈示したときは弁別閾は約 35 ミリ秒ですが，4 回以上繰り返して呈示すると約 25 ミリ秒まで縮まります。

　この多観察効果については，標準時間が繰り返された分の計測値の平均をとることでばらつきが相殺されるために生じるという説明が主になされています（Li et al., 2016; Miller & McAuley, 2005）。しかし，この効果の原因にはリズムの形成も少なからず関わっていると

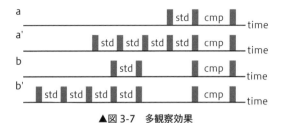

▲図 3-7　多観察効果

灰色の棒が音を表している。実験参加者は標準時間（std）に比べて
比較時間（cmp）が短いか長いかを答える。

私は考えています（黒田・小野ら, 2017; Kuroda et al., 2018）。と
いうのも，この効果は図3-7b'のように標準時間と比較時間が時間的
に離れている場合でも生じるものの（Drake & Botte, 1993; Miller
& McAuley, 2005），図3-7a'のように標準時間と比較時間が隣接し
ている場合と直接比較してみれば，効果が減じることが示されていま
す（Kuroda et al., 2018）。さらに，比較時間が標準時間の後ではな
く先頭に来るパターンでは，効果が減じることも分かっています
（Kuroda et al., 2018; ten Hoopen et al., 2011）。以上を踏まえると
以下のような説明が可能になります。標準時間が繰り返されると等間
隔リズムが形成され，同じ時間間隔が続いているという事実から次に
聴こえる音の位置が予測しやすくなります。図3-7a'のように標準時
間と比較時間が隣接している場合では，この予測された位置に対して
比較時間の2番目の音がずれていたかどうかで，比較時間と標準時間
との違いを判断することができます。標準時間と比較時間が離れてい
る場合や，比較時間が標準時間の前に来る場合は，今述べたのと同じ
方略を使うことができません。これは時間知覚の理論の1つである動
的注意理論（dynamic attending theory）とも整合性のある説明です
（Jones & Boltz, 1989; Jones et al., 2002; McAuley & Fromboluti,
2014; McAuley & Jones, 2003）。

3. 誤差を生じさせる

　音パターンを工夫することで，精度だけでなく誤差も変えることが
できます。ここでは，その例として2つの現象を紹介します。3つの

音によって区切られる2つの隣接する空虚時間において，1番目の空虚時間が2番目の空虚時間よりもある程度短い長さにあるときに，2番目の空虚時間の長さが，それ単独で聴いた（1番目を省いた）ときと比べて短く感じられます。これを時間縮小錯覚といいます（Nakajima et al., 2004; Nakajima et al., 1991; Nakajima et al., 2014）。厳密に述べると，時間縮小錯覚は，1番目の空虚時間をt_1，2番目の空虚時間をt_2としたときに，$t_1 \leq 200$ミリ秒かつ$t_1 < t_2 < t_1 + 100$ミリ秒という条件において生じます。知覚系には，たとえば灰色の領域に黄色の縞模様を加えると灰色が黄味を帯びてみえるというように，ある対象の属性が他の対象の属性に類似して知覚される同化（assimilation）という現象のあることが知られています。時間縮小錯覚は，この同化現象によるものと考えられています。すなわち，t_2がそれよりも短いt_1に同化し，t_2が本来の長さよりも短く知覚されたと考えられています。

　カッパ効果（kappa effect）は，空間もしくは周波数軸上の距離が時間知覚に影響を与える錯覚です。視覚（Abe, 1935; Cohen et al., 1953; Kuroda et al., 2016; Price-Williams, 1954）や触覚（Grondin et al., 2011; Kuroda & Miyazaki, 2016; 須藤，1952）でも生じますが，聴覚でよく用いられるのは，時間−周波数軸上で3つの音1, 2, 3が並ぶパターンです（図3-8; Henry & McAuley, 2009; Shigeno, 1986）。これら3つの音を時間軸上で等間隔に呈示したとします。時間をtとすると$t_{1\text{-}2} = t_{2\text{-}3}$です。周波数を$f$とし，$f_{1\text{-}2} = f_{2\text{-}3}$としたとき，すなわち3つの音が周波数軸上で均等に並んでいるとき，$t_{1\text{-}2}$と$t_{2\text{-}3}$は物理的な内容通り互いに等しく知覚されます。しかし，音2の周波数を音1に近づけると（$f_{1\text{-}2} < f_{2\text{-}3}$），$t_{1\text{-}2}$と$t_{2\text{-}3}$は物理的には互いに等しいにもかかわらず，前者のほうが短く知覚されます（$t_{1\text{-}2} < t_{2\text{-}3}$）。音2の周波数を音3に近づけると（$f_{1\text{-}2} > f_{2\text{-}3}$），$t_{1\text{-}2}$が$t_{2\text{-}3}$よりも長く知覚されます（$t_{1\text{-}2} > t_{2\text{-}3}$）。つまり，時間間隔の比が周波数間隔の比に近いものとして知覚されます。周波数の距離を延ばすと時間が長く知覚されると言い換えることもできます。この現象は周波数ではなく空間上の距離でも生じます（Grondin & Plourde, 2007; Sarrazin et al., 2007）。また，カッパ効果とは逆向きに，時間から周波数（空間）への影響も知られており，これはタウ効果（tau effect）と呼ばれて

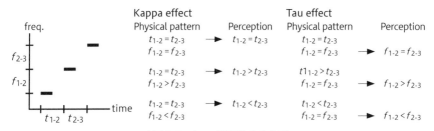

▲図 3-8　カッパ効果とタウ効果

いま す（Helson & King, 1931; Henry et al., 2009）。これらの現象
のメカニズムについては他書をご覧ください（Goldreich, 2007; 黒
田・吉岡ら , 2017; ten Hoopen et al., 2008）。

　以上，時間知覚について，誤差と精度という観点からいくつかの現
象を紹介してきました。しかし，本書で紹介できたのはさわりの一部
にすぎません。時間知覚の研究は奥深く，かつ拡がりがあります。こ
れは時間という軸が，音楽や言語のみならず，視覚や触覚，運動制御
といったほかのモダリティに関わっているというユビキタスな側面を
もっているからです。さらに，時間知覚の研究は近年になって爆発的
に増加しています。その要因としては医学領域の参入が大きいと考え
られます。たとえば，パーキンソン病の患者には時間に関わる課題に
顕著な障害がみられることが分かっています（Mioni et al., 2018）。
時間知覚の脳内メカニズムを明らかにすることで，運動の機能障害の
改善を目指すリハビリテーションのような分野にも有益な知見が得ら
れるかもしれません。

ヒューマン技術とモノづくり

　私が所属するヤマハ発動機株式会社は，「感動創造企業」を企業目的として，自動二輪車や船外機，さらには産業用ロボットといったモノづくりに広く携わっているメーカーです。このようなモノづくりの中で，ヒトの感覚特性に適合した車体やインターフェースの設計といった，ヒトの視点に立った研究開発が求められることがあります。ここに，心理学の活躍する場があります。

　中途採用で入社後，私が最初に行った業務は，ヒューマン技術という観点から新たなモノづくりを行うことでした。もう少し詳しく言うと，知覚心理学の知見を利用したヒューマンマシンインターフェースの研究開発です。現在は，ヒューマン技術から一歩踏み出した異なる分野での研究開発に従事していますが，それでも心理学で培ったスキルが活かされていると実感することがあります。心理学の中核をなすデータ収集 / 分析法を広い意味でのデータサイエンスの一部とみなせば，その適用範囲は実に広いのです。以下では，モノづくりに役立つ心理学，そして他の分野にも通じる心理学という観点から，私の経験と考えをお話ししたいと思います。

　心理学の知識の中でも私が即戦力として役立ったと考えているのは，多変量解析です。私がサポートを行ったプロジェクトの中に，自動二輪車の音に関するブランドイメージを調査するというものがありました。その課題に対して，私は多次元尺度構成法による結果の分析を行いました。集団行動を理解するために何らかの解析法が求められる場面は，直に心理学の領域でなくても案外多いものです。これは近年，データアナリティクスの需要が市場で高まっていることにも端的に表れていると思います。

　一方で課題を感じたのが帰無仮説検定です。いたるところで問題提起されているので読者の皆さんもご存じかもしれませんが（詳しくは統計の教科書をご覧ください），ある条件間で平均値に有意差があるということと，個人において実感として効果が得られるということとは，大きな隔たりがあります。前者はもちろん大事な情報ですが，商材として評価されるときに説得力をもつのは後者です。簡単に言うと，有意差があると言っても，個人個人で見れば，該当の効果が得られない人もいます。非常に軽微な効果であっても，サンプル数が大きければ有意差は得られます。したがって，有意差が得られていても，「このモノ（効果）だったら売れる」という判断には必ずしもつながらないのです（「必ずしも」と言ったところがポイントで，サービス / 商材によっては，帰無仮説検定による論法が十分に有効な場合があるでしょう）。この問題は私も当初から理解していたつもりですが，

実際の現場に立ってみて，その深刻さを痛感しました。効果量や信頼区間，さらにはベイズ統計に基づく統計改革が推進されるようになってから久しいのですが，これは学術的な観点だけではなく実用的な観点からも望まれるものだと考えています。

　最後に，入出力の関係性からブラックボックスの中身を推察する心理学の実験手法が，心理学以外の場面でも使えるのではないかと，最近考えています。わかりやすいのは機械学習によるAI技術です。この中身はほとんどブラックボックスですので，ヒトに対するのと同じように実験を行うことで，最良の結果を得るための学習データ構造やハイパーパラメータ設定などを導くことができるかもしれません。また，AIを含むデジタルトランスフォーメーション（DX）技術の開発プロジェクトでは，開発したいモノの実現可能性を検証するための工程（プロトタイピングや概念実証といった言葉が使われます）を最初に行うことが多いです。そこではテストに割ける時間も限られるため，何らかの問題が生じた際にプログラムのコードをしらみつぶしに検証することが難しくなりがちです。そのような場合に，心理学と同じ実験手法で，入出力の関係から問題のありそうな箇所に当たりをつけることができれば，原因究明の効率化に大変有効なのではないかと考えます。これを仕事として直接的に行っているわけではありませんが，このような観点の検証方法を自身の業務に取り入れることはできないかと日々試みています。

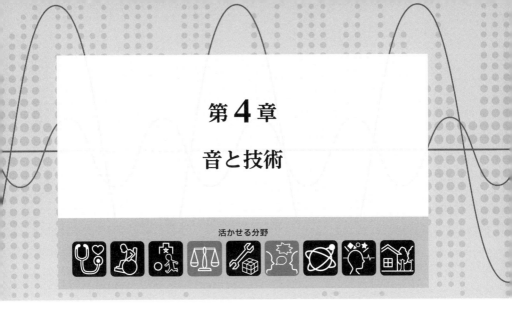

第4章

音と技術

活かせる分野

　音に関する「技術」というと，何をイメージするでしょうか？

　ヘッドホン，イヤホン，スピーカなどのオーディオ機器を想像する人が多いでしょうか。放送や音楽制作でのレコーディングやミクシング，楽器の設計や製作を想像した人も多いでしょう。コンサートホールや劇場の設計を想像した人もいるでしょう。騒音計やオシロスコープのような音を測定するための技術，音声認識や音声合成などの情報技術を想像した人もいるかもしれません。

　音の中には，音楽のようにそれ自体が聴取する目的であるものもあれば，機械の動作に伴って発生してしまう音もあります。望まれない音は「騒音」となります。音を正しく測定する技術によって，騒音の制御や対策の計画が可能になります。騒音を低減してより良い音環境を実現する技術は，豊かな生活の基礎となります。近年では，低騒音化にとどまらない，積極的な音のデザイン（設計）も注目されています。

　音を生み出し，コントロールし，豊かに活用するために，さまざまな技術が存在しています。本章では，その事例や背後にある学問の端緒を紹介しましょう。

1節　音の物理的側面・心理的側面

　音の正体は何でしょう？　中学校の理科の時間に習ったように，音とは，物体の「振動」が空気を「伝わって」いるものです。耳に届いて「聴こえる」ものでもあります。

　もう少し踏み込んでみましょう。「振動」とは，何らかの加振力によって物体が動かされ，物体もしくは物体の一部が周期的に変動することです。ピアノの内部では，鍵盤を押す力によってハンマーが弦を叩き，弦を振動させます。人の発声の際には，肺から送り出された空気の流れが声帯を振動させます。このような音のもととなる振動体を，音源といいます。

　音源の振動は周囲の空気の圧力変化を起こし，その圧力変化が周囲に「伝わって」（伝搬して）いきます。これが音波です。音波は空気以外の気体や固体などでも伝搬するので，より一般的には，弾性媒質中を伝搬する圧力の振動と表現するのがいいでしょう。音波は，障害物によって反射したり，回折したりします。このような，音源の性質や媒質中の伝搬過程は，音の物理的側面として理解されます。その音波が，耳に届き，音として「聴こえる」のです（図 4-1）。

　第 2 章で詳しく学んだように，音波は外耳から中耳へと媒質を変えながら伝搬し，内耳で電気的な信号に置き換わります。その信号が聴神経を介して脳に届き，音として知覚され，認識されます。このような聴覚の働きや，音によって生じる印象や意味の作用は，音の心理的側面といわれます。音のつながりに音楽的な美しさを感じたり，逆に不快感や煩わしさを感じたりするのは，心理的側面で説明されます。

　音の働きを理解し，活用するためには，音の物理的・心理的側面の

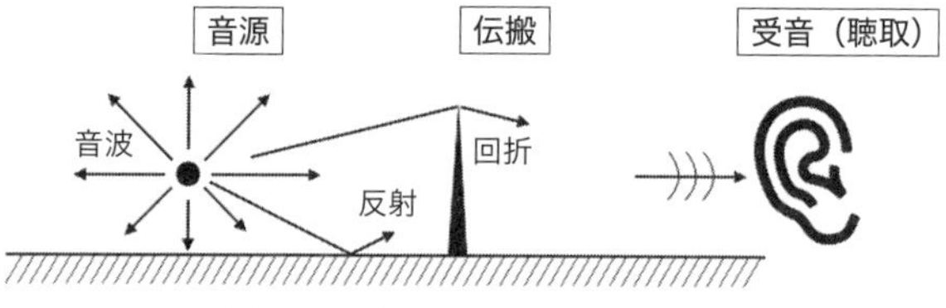

▲図 4-1　音源から受音までの過程

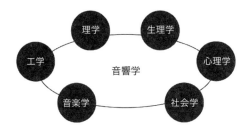

「音」という現象に関する学際的研究分野

▲図4-2　音の物理的側面・心理的側面　包括する「音響学」

両方からの理解が不可欠です。このような，音の発生，伝搬，および音によって引き起こされる諸現象を学際的に扱う学問分野を「音響学」と呼びます（図4-2）。音響学の工学的応用によって，さまざまな技術が開発され，私たちの暮らしを豊かにします。そのとき，音の心理的側面の理解が技術を支えているのです。音響学の中で，心理学の知識や考え方は非常に重要な意味をもっています。

2節　「音の大きさ」にみる心理と物理のつながり

　第1章で学んだとおり，「音の大きさ」（ラウドネス）というのは心理量です。その心理量を測定するには，精神物理的な測定法を用います。一方で，その心理量を物理的な測定と結びつけることも重要です。ここでは，「音の大きさ」という心理量を，物理的な測定から推定し，評価する方法について考えてみましょう。

1. 音圧

　まず，図4-3のような管の一端にピストンが取りつけられていて，これが急に動き出した場合を考えましょう。空気はバネのように圧縮可能な弾性体として考えられるので，ピストンに接している空気は，局所的に圧縮されて圧力が増加します。この局所的な空気の圧縮という現象は，管の中をある速度 c [m/s] で伝搬します。この速度が音速 c です。

　ピストンが停止すると，ピストンに接している空気の圧縮は止まり

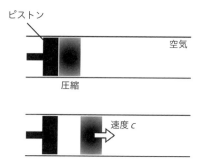

▲図 4-3　管の中のピストンの移動と，それに伴う空気の圧縮の伝搬

ますが，局所的な圧縮という現象は速度 c で伝搬し続けます。また，ピストンが反対向きに動いた場合には，ピストンに接している空気が局所的に伸長されて圧力が低下します。この場合も，空気の圧力変化が伝搬することには変わりなく，空気の伸長という現象が速度 c で伝搬していきます。私たちが，スピーカなどから出る音を聴く場合，このような現象が繰り返し起こっているのです。スピーカのコーンがこの例でのピストンのように働き，周囲に圧力変化を伝搬させます。

　ピストンが動く前，空気は静止大気圧（約 1,000 hPa）＊という圧力をもっています。ピストンの動きによって，そこからいくらか圧力が増減します。この変化分を，音圧と呼びます。当然，音圧の単位もパスカル（Pa）です。私たちが日常聴く音は，±0.01 〜 ±0.1 Pa 程度の音圧変動であることが多いです。1 Pa とは 1 m^2 の面積に 1 ニュートン（N）の力が作用したときの圧力，言い換えれば 1 m 四方の床に約 100 g の重さの物体が置かれているくらいの力ですので，非常に小さい圧力であることが想像できるでしょう。

　次に，音圧の時々刻々の変化を考えてみましょう。図 4-4 は，ある点における時刻 t の音圧を $p(t)$ と表し，その時間変化を表したものです。この圧力変化の変動の幅が大きいほど大きな音として聴こえ，変動幅が小さいと小さな音として聴こえます。

＊　hPa は「ヘクトパスカル」と読みます。台風が近づいてきたときの天気予報で聞く単位ですね。h（ヘクト）とは 100 倍することを表す補助単位ですので，千 hPa は十万 Pa ということになります。大気圧は天候によって日々変化しますが，私たちはそのような非常にゆっくりとした圧力の変化は「音」としては感じません。

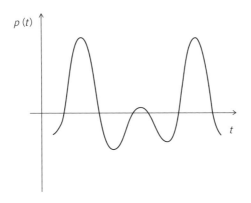

▲図 4-4　時々刻々の瞬時音圧 $p(t)$ の変化

2.　音圧レベル

　図 4-4 に示された瞬時音圧の変化は，正の値と負の値を行き来し，たとえば 440 Hz の音であれば 1 秒間に 440 回もの変動をするものです。音波の量的大小を表す値としては適当ではなく，一般的には次式で定義される音圧の実効値 p_e を用います。

$$p_e = \sqrt{\frac{1}{T}\int_0^T p^2(t)\,dt} \tag{1}$$

　この式には積分が含まれますので，馴染みのない人にはややこしそうにみえるかもしれませんが，大雑把にいえば，時間 T の範囲で音圧を平均化する操作であると考えていいでしょう。T は音の周期ですが，周期をもたないような音の場合は，T を十分に大きくして T のわずかな変化が p_e に影響を与えないようにします。

　人間は，20 μPa（= 0.00002 Pa）から，その 100 万倍程度の数十 Pa までを音として聴くことができます。この範囲の数字をそのままの形で取り扱うのは不便です。人間の感覚量が刺激強度の対数に比例するという性質もありますので，基準となる音圧との比を対数化したレベル表現にすることが一般的です。

　基準音圧 p_0 を用いて実行音圧 p_e をレベル表現したものが音圧レベル（sound pressure level）です。

$$L_p = 10 \log_{10} \frac{p_e{}^2}{p_0{}^2} \tag{2}$$

　単位はデシベル（dB）** です。基準音圧 P_0 には，一般的に 20 µPa を用います。この値は 1 kHz の純音を，耳のよい人が両耳を使って聴くことができる最小の音圧に近いものです。音圧レベルの形にすると，実行音圧が基準音圧と等しい 20 µPa のときは 0 dB，1 Pa のときは 94 dB，20 Pa のときは 120 dB と計算され，扱いやすい 2 桁程度の数値になります。

3. A 特性音圧レベル

　音響学では「大きさ」と「強さ」という言葉を明確に区別します。音の大きさは音から受ける感覚の強さを表す心理量であるのに対し，音の強さは音圧を測定することによって得られる物理量です。

　音の大きさと強さの対応関係は，周波数に依存します。純音の周波数を変化させ，等しい大きさに知覚される音圧レベルを結ぶと，1 本の線が得られます（→等ラウドネス曲線。19 ページを参照）。この曲線から，人間の聴覚の感度は，500 Hz ～ 5 kHz 程度の範囲より高い周波数領域，および低い領域で低下していることが分かります。これは，低域では中音域の音と同じ音圧レベルであっても「小さい音」と感じられることを意味します。

　人間の音の大きさの感覚と対応する数値表現を得るためには，このような感覚特性を考慮に入れる必要があります。そのため，測定した音圧に対して，その周波数が人間の感度が低い周波数であれば小さめの値に重み付けするような「フィルタ」をかけます。ただし，そのフィルタが使う人によってさまざまだと再現性のある測定ができませんから，国際的な規格としてフィルタの形状を規定しています。サウンドレベルメータ（sound level meter，騒音計とも呼ばれる）における A 特性（図 4-5）がそれにあたります。

** デシベルは音圧や電力などの物理量をレベル表現するときに使用される無次元の単位です。基準とする量に対する比の常用対数をレベル表現といい，その単位がベル（記号は大文字の B）と定義されます。これに 10 分の 1 倍することを表す補助単位のデシ（記号は小文字の d，小学校の理科で使ったデシリットル dl のデシと同じです。）を付したものが dB です。ですので，大文字小文字を混同した db や DB などの表記は誤りです。

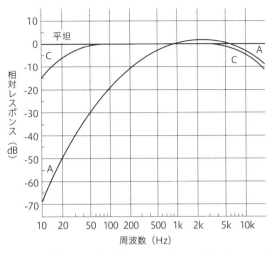

▲図 4-5　周波数重み付け特性 A 特性（JIS c 1509 をもとに作図）

　A 特性の形状は，40 phon の等ラウドネス曲線の逆にした形状を模擬するように設計されています。A 特性による補正を行った音圧の実効値から得られた音圧レベルを A 特性音圧レベル [***] といいます。

　図中には，C 特性と呼ばれる周波数重み付け特性も示されています。C 特性は，直接的に聴覚の特性と関係があるものではなく，騒音計の内部雑音や風などの外来騒音の影響低減の目的や，平坦な特性の代わりとして用いられる特性です。

4. 等価騒音レベル L_{Aeq}

　音圧の実効値（「2. 音圧レベル」に上述）には周期 T が含まれますが，これから測定しようとしている音の周期が既知であることは非常に稀です。そのため「十分に大きい」T の値を用いるのですが，これも使う人によってさまざまだと不都合があります。サウンドレベルメータの国際規格では，1 次のローパスフィルタ [****] に相当する時間

[***]　A 特性音圧レベルも単位は dB です。dBA や dB(A) という表現も散見されますが，正しい表記とはいえません。「A 特性音圧レベルで○○ dB である」などが正しい表現です。
[****]　ローパスフィルタとは，ある周波数より低い周波数の信号はほとんど減衰させずに通過させ，それより高い周波数の信号を減衰させるフィルタのことです。減衰の程度は，フィルタの特性を式で表した場合の次数によって異なります。高い周波数の信号成分，つまり周期が短い変動の成分を減衰させるので，時間信号の細かな変動が減衰されて滑らかに変動に追従する出力を得ることができます。

重み付けをする方法が規定されています。このような時間重み付けと，前述の A 特性周波数重み付けを施した音圧レベルのことをサウンドレベル，もしくは騒音レベルと呼びます。

　このような時間重み付けによって，大きさが定常的な音であれば，時間的にほぼ一定の値が得られます。しかし，私たちが聴く音や音楽は，時間とともに不規則かつ連続的に変化するものがあります。その大きさの変化の様子は，時々刻々の A 特性音圧レベルの変化によってとらえることができますが，ある程度の長さの時間にわたる音の大きさの感覚に対応する代表値が必要となる場面も少なくありません。そこで，次式で与えられる，ある時間範囲 T にわたって変動する騒音レベルをエネルギー的な平均値として表した，等価騒音レベル（equivalent continuous A-weighted sound pressure level: L_{Aeq}）を用います。

$$L_{\mathrm{Aeq}} = 10 \log_{10} \left[\frac{\frac{1}{T} \int_{t_1}^{t_2} p_{\mathrm{A}}^2(t)\,dt}{p_0^2} \right] \tag{3}$$

　ここで，T は時刻 t_1 から t_2 までの評価時間 [s]，$P_{\mathrm{A}}(t)$ は対象とする騒音の瞬時 A 特性音圧 [Pa]，p_0 は基準音圧を表します。積分を含む演算ですが，現在のサウンドレベルメータ（騒音計）は内部に積分演算機能をもつものが一般的ですので，装置さえあれば簡便に測定できる値です。

　等価騒音レベルを評価する場合の評価時間 T は，変動する音の代表値として用いるのですから，十分に長い時間を考えなくてはいけません。環境騒音の評価では，数分から数時間にわたる評価時間を設定することが一般的です。桑野・難波らのグループによる一連の研究では，音楽や道路騒音などを刺激として用いた大きさの評価実験で，その大きさの評価と等価騒音レベルがよく対応することが示されています。

5. 大きな音の，人への影響

　大きな音は，煩わしく，騒音としてとらえられることが多いです。

後述するように，騒音となるのは音の大きさのみによるのではありません，会話を妨害するような大きな音が，騒音と評されることが多いのは事実です。感覚や印象の側面だけではありません。大音量に長時間曝露されると，一過性あるいは永久性の騒音性難聴が生じます。なお，騒音性難聴の原因となるのは「騒音」だけではありません。楽しみとして聴いている音楽であっても，コンサートの大音量やヘッドホンでの長時間聴取が原因となることもありますのでご注意ください。

さらに，大きな音の影響は，聴覚以外の人体にも現れます。聴覚系での処理を経た音の情報が大脳皮質などに到達すると，音によっては不快感や怒りなどの情動反応を誘発し，同時に人体の内分泌系や免疫系などにおいてストレス反応を生じさせます。世界保健機構（World Health Organization: WHO）による「環境騒音ガイドライン」でも，長期にわたる騒音曝露によって高血圧や心疾患につながるおそれがあると報告されています。

このような背景から，一般的には音量の大きな音を制限することで，騒音の影響を改善し生活環境を保全するための対策がとられています。わが国では，生活環境を保全するために達成すべき行政目標として，騒音に関する環境基準が定められています。その基準値は表4-1にあるとおり，地域類型ごとに昼間16時間（6:00〜22:00）と夜間8時間（22:00〜6:00）の別で定められており，等価騒音レベルで評価

▼表4-1　騒音に係る環境基準（環境基本法第16条）

地域の類型	基準値	
	昼間（6:00〜22:00）	夜間（22:00〜6:00）
AA	50 デシベル以下	40 デシベル以下
AおよびB	55 デシベル以下	45 デシベル以下
C	60 デシベル以下	50 デシベル以下

（注）1. 時間の区分は，昼間を午前6時から午後10時までの間とし，夜間を午後10時から翌日の午前6時までの間とする。
2. AAを当てはめる地域は，療養施設，社会福祉施設等が集合して設置される地域など特に静穏を要する地域とする。
3. Aを当てはめる地域は，専ら住居の用に供される地域とする。
4. Bを当てはめる地域は，主として住居の用に供される地域とする。
5. Cを当てはめる地域は，相当数の住居と併せて商業，工業等の用に供される地域とする。

します。多くの住民が関係する A および B 地域では，基準値は昼間で 55 dB，夜間では 45 dB です。

　日本の騒音に係る環境基準値は，1971 年に，一定間隔で測定された騒音レベルの測定値の中央値（50 パーセンタイル値）である L_{50} を用いるものとして定められました。しかし，その後の騒音影響に関する研究の進展や，騒音測定技術の向上によって，1998 年の改定でエネルギーベースの等価騒音レベル L_{Aeq} を評価指標とするものに変更されたのです。心理学的研究と測定技術の進展が環境行政のような私たちの生活環境に関わるところに活用された好例のひとつでしょう。

3 節　音楽と騒音

　音楽と騒音の違いは何でしょうか？　同じ音でも，ときには騒音となり，音楽の素材ともなります。ここでは，その境目を考えることで，音環境の設計について考えてみましょう。

1. 騒音とは何か？　どこまでが騒音か？

　一般に，騒音とは「不快で好ましくない音」として定義されます。騒音，つまり不要な音を除去・制御することは，音環境設計の第一歩です。

　ところで，不快な音，好ましくない音とは，どのような音でしょう？前節でみたように，大きな音は騒音になりやすいという傾向はあります。しかし，大きさだけで決まるものではありません。小さな音が騒音と評されることも少なくありません。では，周波数でしょうか？その存在が人を不快にさせたり，逆に，取り除くことで不快感が軽減したりするような，魔法の周波数があるのでしょうか。残念ながら，そのような魔法はありません。どんな音でも騒音になりうるのです。

　ある人にとって「音楽」として楽しまれる音であっても，立場が変われば「騒音」になることもあります。たとえば，音楽系部活動の練習音を考えてみましょう。その音は，部員にとっては紛れもなく音楽ですが，周辺住民にとっての騒音として問題となる場合もあります。幼稚園から聴こえる園児の声が騒音とされる場合もあります。反対に，騒音となりそうな音でも，ならない事例もあります。たとえば，バイ

▲図4-6　ある人には騒音であっても，ある人には騒音ではないこともある

クの排気音は，道路沿線住民にとっての騒音となりやすいですが，ラ
イダーにとっては駆動系機構の性能の象徴であり価値ある音です。

　どこから発せられた音なのか，という音源情報の知識が重要になる
場合もあります。1つ例を挙げましょう。集合住宅で上階から聴こえ
てくるピアノの練習の音が，いつも愛想よく挨拶してくれる201号
室の小学生の練習だと思っていたところが，どうやらいつもゴミ出し
のルールを守らない202号室の××さんの練習の音であったようだ
と知ったら……ずいぶんと印象が変わってしまいそうです。

　いずれも，物理的には同じ音波ですが，聴く人の立場や価値観によっ
て，または音源側と受音側の社会的関係によって，騒音となったりな
らなかったりする例です（図4-6）。言い換えれば，騒音問題の解決
には，物理的・工学的な制御だけでなく，心理的・社会的要因の理解
と対策も重要だということです。余談ですが，騒音対策の現場におい
て，「最も効果的な騒音対策技術は，ご近所づき合いである」という（か
なり本気の）笑い話もあります。

2.　どこまでが音楽？

　楽器により奏でられる音によって構成されたものが音楽であるとい
うことに，異論はないと思われます。しかし，音楽の構成要素となる
のは，楽器による音だけでしょうか？

　ここで少し音楽史の話をしましょう。西洋音楽の枠組みの中では，
ルネサンス期（15世紀から16世紀），バロック（17世紀から18世

紀半ば），古典（18世紀後半），ロマン（19世紀）と，その楽式や表現手法が発展してきました。その中で長く「音楽の音」とはコンサート会場などで「音楽として供されるもの」であり，それ以外の音とは区別されたものでした。それが，19世紀末から20世紀にかけての様式の拡大や素材音の拡大という流れによって，それまでの「楽音」と「騒音」の境界が取り払われてきました。

　様式の拡大とは，調性の崩壊や拍節構造の複雑化を指します。調性の崩壊とは，12音技法や無調音楽による調性の限界を超える音楽表現の試みです。和音の協和・不協和の関係はそれまでにも体系化されていましたが，あくまで調性の中での表現としての不協和音の効果を求めるものでした。より積極的に，不協和な音程を音楽表現の根幹として探求していったのです。ところで，2音の協和・不協和の関係は周波数比によって決まりますが，単純な周波数比で協和し，複雑な周波数比で不協和に感じられるメカニズムは，聴覚の心理的，生理的性質によるのです。

　一方，素材音の拡大とは，いわゆる楽音以外が音楽作品表現に積極的に取り入れられてきたことを指します。原型は19世紀以前からあります。たとえば，ベートーベンの交響曲第6番「田園」ではティンパニが，非楽音である雷鳴を表現します。ベルリオーズの幻想交響曲では4台のティンパニによる和音的表現がみられます。ティンパニのような膜鳴楽器は，膜振動の原理から倍音構造が非整数比で和音表現には不向きなのですが，その不安定さを逆手にとって，不穏な雰囲気を表現する手法としたのです。このような音楽表現は20世紀以降より顕著になっていきます。イタリア未来派の作曲家ルイジ・ルッソロ（Russolo, L.）によって導入された，モーターなどの仕掛けで奇怪な音を出す騒音楽器（イントナルモーリ，intnarumori）や，ピエール・シェッフェル（Schaeffer, P.）による，テープレコーダを用いてあらゆる音を素材としてつなぎ合わせたミュジック・コンクレート（Musique concrète）などはその代表例です。

　ところで，このような音楽観の変化に，技術の進化は無縁ではありません。録音の技術は1877年にトーマス・エジソン（Edison, T.）が円筒型レコード（フォノグラフ）を開発したことに始まるとされています。その後，エミール・ベルリナー（Berliner, E.）によって発

▲図 4-7　イントナルモーリ（左），エジソンとフォノグラフ（右）
（いずれも Wikimedia Commons より転載）

明された平面盤であるレコード盤蓄音機（グラモフォン）が普及して
いきました。20 世紀に入ると，磁気テープが発明され，録音に用い
られるようになっていきます。音を記録したテープは，文字通り「切っ
て貼る」作業で，一部分を切り取って繰り返したり，順序を入れ替え
たりすることができます（この時代の「コピペ」は，ハサミとのりだっ
たのです！）。テープに記録された音素材を，作者の意図のもとに構
成し，それを再生することができる技術が，新たな表現のインスピレー
ションとなったのです。

3．環境音を積極的に聴く

　20 世紀以降の音楽史として楽音と騒音の境界が取り払われる流れ
があり，20 世紀アメリカの作曲家，ジョン・ケージ（Cage, J.）に
よる「音楽とは音である。コンサートの中と外とを問わず，われわれ
を取り巻く音である」という音楽観によって象徴されるように，楽音
と騒音は二項対立するものではないという考えが広がり，その結実と
してサウンドスケープという概念が生まれました。音環境設計に新た
な視点が与えられたのです。
　ジョン・ケージの代表作「4 分 33 秒」は，この概念の理解の入り
口として適例です。この作品の楽譜は休符しかなく，4 分 33 秒の間
何もしないという不思議な曲です。演奏者が舞台上に現れ，ピアノの

前に座り，1つも音を発さずに演奏が終わります。

　このとき「音はなかった」といえるでしょうか？　確かにピアノのハンマーが弦を叩いた音はありませんが，誰かの咳払い，足を組み直すときの椅子の軋みや衣擦れ，微かな空調の動作音，そして自分自身の呼吸や鼓動の音……これまで意識に上ってこなかったさまざまな音に気づかされるでしょう。あまり例はありませんが，「4分33秒」をストリートパフォーマンスで聴いたらどうでしょうか？　都市を構成するあらゆる音が洪水のように聴こえてくるかもしれません。実は，「4'33"」という名のスマホアプリもあります。自分で4分33秒の「静寂」を録音したり，シェアされた世界中の「静寂」を聴いたりできます。

　この作品の解釈の1つとして，このような「音楽以外の音」に人々を直面させ，音楽として耳を傾けてきた音との違いを問いかける，というものがあります。音楽として用意され構成された音だけでなく，偶発的に構成された音列やただそこに存在している音もまた，価値ある，大切な音があるのではないかと問いかけたのです。

4．サウンドスケープ

　サウンドスケープとは，カナダの作曲家R・マリー・シェーファー（Schafer, R. M.）によって提唱された概念で，サウンド（sound）とスケープ（scape）（「〜の眺め」を意味する名詞語尾）を組み合わせた言葉です。シェーファーは，環境の中の音を指す言葉としてサウンドスケープという語を定めて，環境の中の音を意識することの重要性を訴えました。シェーファーは作曲家としてケージの影響を強く受けたといわれています。前節までに紹介した20世紀の音楽の展開を考えると，そのシェーファーがサウンドスケープという概念を生み出したのは，ある意味で必然であったのかもしれません。

　サウンドスケープとは，人々がどのような音を聴き，いかに意味づけ，価値づけているかを問題として，われわれを取り巻くありとあらゆる音を1つの風景としてとらえる考え方です。音をめぐる要素主義からの脱却ともいわれます。音をバラバラに切り離してとらえるのではなく，個人あるいは社会によってどのように知覚され，理解されるかに重きを置いて音環境をとらえようとする考え方です。

人間が音を知覚し，周囲の環境を認識する過程は，非常に繊細で複雑です。物理的には同じ音波であっても，聴く人の立場や価値観によって，また音源側と受音側の社会的関係によって，騒音となったりならなかったりします。このことはつまり，音環境の評価や設計のためには，物理的・工学的な制御だけでなく，心理的側面の理解が非常に重要であり，人間・社会・文化を評価する総合的な視野に立った対策が不可欠であることを意味します。サウンドスケープの考え方は，音環境や音そのものについて，そのような総合的な観点で研究することの重要性を気づかせるものでもあります。

4 節　音のデザイン

　音に関する諸問題を考える際，個々の学問領域の専門的な深化を目指すことはもちろん重要ですが，これまでにみてきたように，物理的側面と心理的側面，さらには社会や文化の観点も含めた総合的なアプローチも重要です。そのためには，横断的な視点で，現実の問題の解決のための計画を示す思考法を明確に形成する必要があります。

1. 音のデザインとは

　「問題の解決のために，さまざまな要素を用いて要求を満足する仕

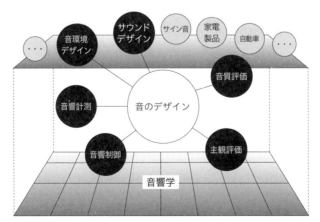

▲図4-8　音のデザインとは，音響学を基本として，音を用いて問題を解決する総合的な計画を示すもの

様を示すこと」を，デザイン（design）といいます。日本語で「デザイン」というと，見栄えや装飾の工夫という表面的なものに矮小化して理解されることもありますが，本来のデザインとは，設計，計画などの日本語と対応する考え方です。ここではそのような高次のデザインとして，音のデザインを考えていきます。

　音響学を基本として，音を用いて問題を解決する総合的な計画を示すことが音のデザイン（図 4-8）です。音の物理的側面・心理的側面を横断的に理解し，さまざまな制約条件の下で利用可能な技術を組み合わせて，解決の計画を示すわけです。多くの場合，その中に，芸術的，美的側面からの制約も含まれますので，音楽的素養をもち，音楽に対するようなこだわりをもって音に対処することも重要です。

2. 音質設計と音質評価指標

　音のデザインの重要な分野として，音質設計（sound quality design）があります。機械製品は，本来的に音を出すことを目的としたものではないため，その音は騒音と受け止められることが多いです。従来は，不要な音，過剰な音をエネルギー的に抑制する（つまり，低音量化する）ことが主な対策でした。しかし，技術的，経済的に音量を下げることの限界がありますし，動作音には機械が正常に動作していることや，自動車が近づいてくることなどを知らせる重要な働きもあります。

　近年では，音響特性を積極的に制御し，目的に合わせた最適な音質をつくりだすという試みが多くみられるようになってきました。近年では，騒音制御に関する国際学会である Inter-noise でも sound quality や sound design に関するプログラムが毎年設定され，活発な議論が行われています。家電製品や自動車を対象とした音質の評価と改善設計に関する研究事例が多いですが，音質の評価方法そのものに関する研究も活発です。

　音質を予測し，対策するには，物理的な測定から主観的な印象と対応のよい評価量を推定する方法が重要になります。音質とは，音の 3 要素の 1 つである音色と近い概念です。音色が中立的な意味合いをもつのに対して，音質は，音色の良し悪しなどの価値判断も内包するという違いがありますが，評価をするうえでの心理学的な基本要素は音

色と同様に考えてよいでしょう。

　音色は多次元的な印象ですが，多くの研究で「迫力因子」「金属性因子」「美的因子」の３因子に集約されることが示されています。このうち迫力因子は，音の大きさ（ラウドネス）に関係しますので，対応する評価方法としてラウドネスレベルやA特性音圧レベルがあります。金属性因子を評価する方法としては，フォン・ビスマルク（von Bismarck, G.）によって提案されたシャープネス（sharpness）という音質評価指標があります。美的因子の一側面として好ましさや煩わしさ（annoyance）がありますが，これは単一の指標との対応で説明することは難しい性質です。いくつかの指標を重み付け合成で説明するモデルが提案されており，たとえば桑野らによって提案された CI（comfort index）は次式のように等価騒音レベルとシャープネスを合成した指標です。

$$CI = \frac{1}{10}L_{\mathrm{Aeq}} + S \tag{4}$$

　ファッスルら（Fastl & Zwicker, 2016）による psychoacoustic annyance（PA）は，ラウドネス，シャープネスのほか，音の変動感に関係する音質評価指標であるラフネスとフラクチュエーションストレングスを合成した指標になっています。いずれも実験値に基づく近似的な指標であり，その適用範囲について今後も検討の必要があります。対象によって要求される音のあり方も異なりますので，固有の要因も含めて予測する方法が音のデザインのためには重要でしょう。

3. これからの自動車の音のデザイン

　子どもたちは自動車のおもちゃを手に「ブーブー」と遊びます。30年後の子どもたちも「ブーブー」という擬音語を使って遊ぶでしょうか？

　自動車走行音は主に，駆動系に由来する音とタイヤと路面の接触によって発生する音や風切り音などから成りますが，特に低速度域では駆動系の音が主要素です。「ブーブー」や「ブーン」という擬音語は，主にエンジンと排気系の走行音を模したものでしょう。しかし，電気モーターで駆動される電動自動車（EV）が急速に普及しており，こ

れらの車では駆動系の走行音が小さく，低速度域での音響特性が従来車と大きく異なります。これからの自動車の音デザインを考えるうえで，駆動系の静粛性は大きなキーになります。

　静粛性は道路交通騒音対策の観点では歓迎されるものであり，それを活かす環境デザインが期待されます。そのために，電動自動車が「どの程度」静かなのかを，音源特性の測定によって明らかにし，環境騒音レベル低減への効果量を推計することが重要です。一方で，その静粛性ゆえに歩行者が車両の接近に気づきにくく危険であるとの指摘もあり，車両に設置したスピーカから音を発生させる車両接近通報装置（Acoustic Vehicle Alerting System: AVAS）によって車両の接近などを知らせる対策が検討されています。

　接近通報音を利用するのであれば，どのような音のデザインが適切でしょうか？　接近通報音は，従来のエンジン音を同程度の音量で再現すればよいという単純なものではありません。ドイツと日本で実施したアンケート調査では，運転者の過半数が「歩行者が自車の接近に気づかなかったために危険や不満を感じた経験がある」と回答しています。従来のエンジン音が環境音下で車両の存在や挙動を認知するために最適な音ではないのです。

　接近通報音をデザインするために検討すべき要件のうち，最も基礎的かつ重要な側面として，環境音下での検知容易性が挙げられます。基本的には，周波数マスキングによって説明される現象で，心理音響学的知識によってデザインできそうです。ただ，ここでは，現実世界の複雑さ，つまりマスカーである環境騒音が時間変動するものであることを考慮する必要があります。さらには，自動車が動くこと，つまり音源位置が空間的に移動するということも，検知性能の理解を複雑にさせます。環境騒音下での接近報知音の検知レベルについて，さまざまな心理音響学実験を通した検討が行われ，その知見が自動車規格に関する国連規則の設計に活かされています。

　検知性を確保できたとしても，不快な印象を与える音や，何の音か理解されない音は，接近通報音としてふさわしくありません。接近通報音を聴いて，「自動車である」あるいは「EVである」と自然に想起される音であることは，安全性につながります。「EVらしい」と感じられることは，従来自動車と差別化した音デザインで商品価値を

高めるという観点からも重要です。

また，自動運転技術の発達や一般化も，音デザインに影響を与えます。速度や操舵の制御が自動化され，危険を自動回避する機能が一般化すれば，運転中に聴取すべき音の要求も変わってくるでしょう。カーシェアの普及によって自動車の所有や利用の仕方が変わると，ユーザーごと，利用場面ごとにカスタマイズした音デザインへの欲求はより高まると考えられます。

車室内音環境の構成要素として，情報提供のためのサイン音も挙げられます。自動運転技術やネットワーク通信技術の発展によって，自動車内で提供される情報量はますます増加するでしょう。運転時に必要な情報の多くは視覚を介して得ており，車両側から運転者に情報を呈示するチャネルとして聴覚を用いることは，運転行動を阻害しないという点において有利であると考えられています。聴覚情報として合成音声によるテキスト読み上げが利用されている事例もみられますが，より短時間で，言語によらずに意味を伝達するには，サイン音の利用が望ましいのです。しかし，サイン音を目的に応じて，正しく情報を伝達するためには，①確実に聴きとることができ，かつ大きすぎず快適に聴こえること，②緊急性や重大性など，その意味が適切に理解されること，③付加的性能として，美しさや感性的質感が感じられることなど，配慮すべき点が多く，適切な音のデザインが必要です。

5 節　聴能形成

音をデザインするためには，音に関する幅広い知識とともに，音に関する鋭い感性が必要です。ここでいう「音に関する感性」とは，単に音の違いによく気づくということではありません。音の違いを生じさせる音響特性の違いを正確に認識し，適切に表現できる能力を指します。

本節では，そのような高度な設計者を育成する教育について紹介します。

1. 聴能形成とは

「聴能形成」とは，音響設計家（音のプロフェッショナル）が必要

とする「音に対する感性」を体系的に習得する訓練方法のことです。聴能形成の教育は，1968年に開学した九州芸術工科大学の音響設計学科のカリキュラムの一環として開始され，現在の九州大学芸術工学部の音響設計コースでも，1年次，2年次の専門教育科目として継続して実施されています。

音に対する感性のうち，最も基本的な「音の違いを聴き分ける」ことから，「音の違いを物理的特徴と関連づけて表現できる能力」さらには「音の違いをイメージできる能力」まで習得することを目的としているところが，この教育の特徴です。たとえば，音の大きさであれば，2音の大きさの違いを聴き分ける能力から，その違いが何dBの違いなのかを表現でき，さらには「音圧レベルが5 dB小さい」と言われてその変化をイメージできる能力までつなげることを意味します。

同様の訓練は，東京藝術大学やカナダのマギル大学などでも実践されています。音の聴き方を習得するためのカリキュラムの重要性は世界中で認識され，日本音響学会やAES（Audio Engineering Society）をはじめとする国内外の学会でしばしばワークショップなどが行われています。英語では「イヤートレーニング（Ear Training）」という語が使われています。イヤートレーニングを通して獲得される能力を指して「クリティカル・リスニング（Critical Listening）」の語が使われることもあります。教育機関以外でも，音響エンジニア向けの社内教育として実践されている事例もあるようです。

2. 聴能形成の実際

具体的な訓練の事例を紹介しましょう。最も基本的な訓練である「高さの弁別訓練」では，周波数の異なる純音のペアを学生に呈示し，どちらの音が高いのかを答えさせます。音の高さ以外の音の3要素である「音の大きさ（どちらの音が大きいのか）」「音色（スペクトル）（同じか違うか）」に関する弁別も行います。音の基本的な聴き方を学ぶというわけです。

次の段階は，聴こえた違いというものが，物理的にどの程度の差で生じているのかを認識することです。「ちょっと違う」という表現では，受け手によってとらえ方は異なりますが，「2 Hz違う」などというあいまいさのない表現ができることを目指すのです。授業では，さまざ

まな周波数の純音の周波数を答える課題や，イコライザによって特定の周波数を数 dB 山づけした音楽を聴いて，どの周波数であるかを判断する課題などを通して，聴こえた感覚と物理量との対応づけを身につけていきます。

　40 名ほどの集団訓練で実施しているのは九州大学の聴能形成の特徴です。これは，物理量から聴覚体験をイメージする能力が共有されていくことを意味します。聴能形成を受講した人どうしでは「音のイメージ」を物理的な特徴量で，あいまいさなく伝え合うことができるのです。このことは在学生・卒業生のコミュニケーションの基盤になっています。

　聴能形成は，音に対する感性を音に対する知識と対応づけるトレーニングです。聴能形成を通して，音を聴く態度を習得し，物理的特徴と関連させた音の記憶を蓄えることができるようになります。

6 節　音と技術のこれから

　本章では，音に関する技術の背後には，物理的側面と心理的側面の両面からのアプローチがあり，それらが相互に影響していることを紹介してきました。環境騒音や音環境デザインの話題を多く取り上げましたが，ほかにも音に関する技術の発展によって新しい音楽表現が生まれたり，それまでできなかった聴覚心理研究が可能になったりする事例は多くあります。

　たとえば，録音・再生の技術の進化で，音楽はレコードや CD などの録音メディアによってどこでも楽しめるものに進化しました。その中では，初期のモノラル・ライブ録音から，スタジオでの多重録音による新しい音楽表現，多チャンネル録音再生による新しい音楽体験へと進化が続いています。2020 年代には高速通信を介した配信によって，音楽は物理メディアからも解放され，さらなる進化を遂げるかもしれません。多チャンネル録音再生による 3 次元音場再生技術によって，さまざまな音響環境をよりリアルに何度でも聴くことができるようになってきました。これによってヘッドホンやスピーカからのステレオ再生では検討できなかった聴覚心理研究も実現するでしょう。

音響処理技術やサイン音の開発と心理学の関わり

　「いい音」とはどんな音だと思いますか？　迫力のある音，奥行きのある音，美しい音，明瞭な音など，さまざまな観点があると思います。また，その音がどんな場面でどんな人のために鳴るのかによっても変わってきますし，さらには音が聴かれる時代背景によっても異なるかもしれません。これらの「音の感じ」は，物理的に発生した音の情報を人間が耳という感覚器から受け取り，最終的には脳がそれらの情報を処理することで生まれます。物理量とそれによって生じる感覚や認知の関係を研究する分野が知覚・認知心理学です。

　私は現在，電機メーカーの研究所（三菱電機　情報技術総合研究所）に所属しており，これまでに音響機器や製品音の感性評価や，それに基づいた技術開発に携わってきました。感性評価というのは，上述のように，製品の音が「どのような観点で」「どのくらい」良い／悪いか，ということを定量的に示すものです。推奨される評価の方法が規格などによって示されている場合はそれに従うのですが，新規に開発する技術や，まだ普及していないモノやサービスで使用される技術では，決まった評価方法がない場合が多いです。そうしたときは，その技術が使われるシーンや目的，つまり，「どんな人が」「何のために」「どんなときに」使うのかを考慮し，それに適した評価方法を調べたり，新たに考えたりする必要があります。これは言い換えれば，技術によってつくりだされた物理的環境に対し，特定のシーンにおける人間の知覚・認知をどのように測定するかということで，心理学の得意とする分野です。

　たとえば，自動運転車の車内サイン音を考えてみます。自動運転は段階的な実現が想定されており，完全な自動運転の前段階においては，運転操作のシステムからユーザーへの切り替え，つまり自動運転から手動運転への権限移譲がある場合があります。そのような切り替えが行われる際には，自動運転中のため運転準備状態にないユーザーに対し，運転操作をこれからあなたに任せますよ，というメッセージをシステムが伝える必要があります。メッセージの通知方法としてはさまざま考えられますが，運転をシステムに任せていて前を見ていない場合を考えると，音での通知が有効そうです。では，どんな音がふさわしいのでしょうか？　このような課題については，まず評価者（実験参加者）に自動運転における権限移譲について丁寧に説明し理解してもらったうえで，そのときに鳴る音として適切かどうかをさまざまな音について尋ねるというアプローチが考えられます。運転という危険が伴うシーンでの使用を想定すると，自動運転中に何らか

の作業（読書など）をしているユーザーの注意を十分に引きつけ，一方でその後の手動運転への移行が首尾よく遂行される必要があるため，ユーザーを驚かせたり衝撃を与えたりするものであってはいけません。安心・安全かつスムーズに権限移譲されるという目的に適した音を探るため，音の印象の評価や，聴取後の行動（反応速度）への影響などの測定も有効だと考えられます。さらに，それらの評価データと音の物理量の関係から，音のどのような特徴が特定の印象の形成に影響するのかを数式として表現することで，今後の技術開発の指針を得ることも可能です。

　感性評価によって，人間の感じ方を考慮した新しい機能につながる知見が得られる場合もあります。たとえばテレビは薄型化・小型化が進んでいますが，そうなるとテレビに付属するスピーカは物理的な制約が大きくなるため音がどんどん貧弱になり，特に音楽や映画を楽しむ際に重要となる低音感や迫力のある音は出せなくなってしまいます。その弱点をカバーする技術の１つに擬似重低音技術があります。これは，低音の高調波（倍音）を信号処理により加えることで低音感を増大する技術で，高調波のもととなった低音が聞こえない場合でも音の高さは保たれるという聴覚心理現象（ミッシングファンダメンタルといいます）を応用したものです。この技術はとても有用なのですが，過剰に付加すると音がひずんで「汚れた」感じになってしまうため，「迫力があっていい音」にするためにちょうどいい高調波の付加量はどのくらいなのかを明らかにする必要がありました。このような場合の感性評価では，たとえば「迫力や低音感がある音を好む人」が「音楽を聴く」というシーンを想定して高調波付加量と音の印象の対応関係を調べることで，目的に即した知見が得られると考えられます。また，その際の生理指標（たとえば脳波）を合わせて測定して印象の評価値との対応を確認することで，音の感じ方に関する手がかりをより多く得ること

ができます。このようにして得られた知見は，人間の知覚を考慮して効果的に高調波を付加する機能の開発に貢献しています。

　上記は一例ですが，こういった研究開発を進めていくうえで，私自身が大学の学部や修士・博士課程で専攻した知覚・認知心理学や音響分野の知識は役立っています。ただ，企業の研究所の場合（もちろん研究領域や職務によるのですが），対象とする製品やサービスが多様でかつ新規のものであることが多いので，心理学の特定分野の知識の積み重ねというよりは，基礎的な知識や考え方に基づきつつ，それにとらわれすぎずに柔軟な発想や解釈を考えていくことが重要なように思います。学術的に最先端の知識が必要な場合も多く，国内外の大学や研究機関と連携する機会にも恵まれていますので，企業にいる身としてできることは何かを模索しつつ，より良い製品や機能，サービスにつながるよう研究を進めています。ユーザーが介在する製品やサービスにおいては，人間がそれらに対してどう感じて反応するかを考慮した設計がそのものの提供する価値に直結しますので，今後一層心理学的な知識や考え方が重要になると考えています。

テレビ番組の目指す「音」

　テレビ番組の制作で音に関わる仕事は主に「音声」と「音響効果」があります。「音声」は，ロケやスタジオ収録，MA と呼ばれる音声ポストプロダクションで出演者の声やその場にある音，音楽や効果音などの録音や，音質・音量バランスの調整などをする人たちのことです。ミクサーがその番組の音の責任者で，フロアやアシスタントとチームで仕事をします。「音響効果」は，NHK では音響デザイナーと呼ばれていて，番組全体の音の構成・デザインを検討し，音楽や効果音を必要なシーンに足すことが主な仕事です。

　こんにちは，NHK で技術の仕事をしている西山友幸です。私はこれまで主に音声として特にドラマ番組を担当してきました。代表的なところでは，大河ドラマ『真田丸』や連続テレビ小説『ひよっこ』などでミクサーを担当しました（大河や朝ドラではミクサーは複数人で担当しています）。ここでは上でご紹介したテレビの音に関わるスタッフがどんな『音』を目指して番組制作に携わっているのかを感じてもらえればと思っています。

　皆さんがふだんテレビ番組やネット動画（以下，テレビ番組）を観ているとき，音についてどのようなことを感じ，意識するでしょうか。好きなアーティストの曲が流れたときや，好みの曲が流れたときは，「いい曲だな」，「カッコいいな」などと思うでしょう。曲によっては「この曲聴いたことあるな」というのもあるかもしれません。ある曲を聴くと昔の思い出が甦ってくるという人もいるでしょう。音楽だけでなく，俳優さんやナレーター，アナウンサーの声を聴くことで「いい声だな」，「落ち着くな」と感じることはないでしょうか。話し手によっては，聴いていると元気が出てくることや，なんだか特徴的だけど耳から離れなくなるといったこともあります。

　テレビ番組は，音楽や声だけでなくさまざまな音で構成されています。テロップが出てくるときの音や，街の雑踏，車の走る音。人の足音や携帯を操作する音。鳥の声や虫の音。風の音や波の音。

　では皆さん，テレビ番組における「いい音」というのはどんな音だと思いますか？　「ノイズ（雑音）のないクリアな音」。確かに，ノイズはないほうがよい感じがします。「リアルで臨場感のある音」。本物と聞き間違えるような現実的な音はいい音といえそうです。

　ここで，ちょっとイメージしてみてください。役者さんにマイクを近づけて録音した音とマイクを離して録音した音はどちらがいい音でしょうか？　前者のほうが後者よりも周囲の環境によるノイズレベルを抑えて，しっかりとしたレベルで近いニュアンスの（ある種リアルな）役者さんの

声を録音できます。そう考えるとマイクは近づけたほうがいい感じがしますね。では，最新のマイクを使って録音した音と，ビンテージマイクで録音した音はどちらがいい音でしょうか？　一般にビンテージと呼ばれる機材は最新のものに比べてノイズが多い傾向があるため，最新のマイクのほうが，ノイズが少なくクリアに録音できそうです。しかし，ビンテージのマイクも昔から長く使われているからにはいい音がしそうな気もします。それでは元気でノリのいいナレーターと落ち着いて安心感のあるナレーターはどちらがいいでしょうか？　テーマ曲やBGMについてはどうでしょう？

　だんだん，どちらがいい，と，はっきりいえなくなってきましたね。お気づきのようにテレビ番組においては，「いい音」に決まりはありません。大切なのは「狙いは何か」ということです。そしてその狙いというのはお客様である視聴者の皆さんに対してのものです。その音を聞いた視聴者の皆さんに何を伝えたいか，何を感じてほしいか，何を思ってほしいか，どんな行動をしてほしいか……。

　したがって，狙いによっては，話者からあえて離れた距離で録音した音のほうがよいということも，ノイズがない音よりもノイジーな音のほうがよいこともあります。さらにいうと，クリアに録れている音にあえてノイズを足すことさえあります。

　では，視聴者の皆さんに狙いが伝わる音とはどのようなものでしょうか。テレビ番組を観る人は，年代もジェンダーも，主義主張，テレビを観る環境もさまざまです。同じ番組でも観る人によってとらえ方や感じ方は異なります。SNSでもそうですよね。1つの投稿に対してさまざまな反応があります。フォロワーが多かったりたくさん引用されたりしてその投稿を見る人が増えるほど反応も増えます。すると投稿の真意が伝わってないのではないかとも思える反応も目につくようになります。自分の意見や感じたこと，表現したいことを発信して，多くの人に触れてもらい，真意や狙いを正確に伝えるということはとても難しいことですね。テレビ番組も同じで，観る人の属性だけでなく，生活のスタイルや，これまで生きてきた経験や記憶までもが制作者の狙いの伝わり方に関係しています。私たちテレビの音に関わる人間は，音で番組の狙いを正確に視聴者まで伝え届けることを大切にしています。そのためには台本上の言葉の意味だけで番組の狙いをとらえるのではなく，番組を構成する1つひとつの音や音声表現のもつ意味，その背景にある歴史が，多様な視聴者にどのように受け止められるかということにイメージを膨らませて，私たちは番組の音をデザインし，ミクシングしています。

　「人がどのように音を受け止めるか」。音響心理学は音の物理的な側面と人の脳の受け止め方の関係性についての先人たちの知見が詰まっていて，

私たちはいろいろなところでそれを活用させてもらっています。

　たとえば，等ラウドネス曲線。テレビを観るときのボリュームは人それぞれです。お父さんが朝食をつくっていて電子レンジや湯沸かし器が動作していたり，妹が出かける準備をしたり，兄がパンを加えて出かけようとしていたり，お母さんが歯磨きをしていたり，と，なにかと慌ただしそうな 4 人家族の朝のリビングでは，テレビのボリュームは大きそうです。一方で，1 人暮らしの学生がアパートで深夜に映画を観るときはボリュームをかなり控えめにしていそうです。物理的な音のレベルが大きいときと小さいときでは特に低音の感じ方が違うことは，ここまでこの本を読んできた皆さんはご存じでしょう。等ラウドネス曲線を念頭に，お客さんの視聴するボリュームがさまざまであるということを考えると，たとえば，主に100 Hz 以下の周波数で構成される音を使って物語の進行上重要な音の表現をすることは避けたほうがよいと判断できます。どんなにかっこいい表現でも，ボリュームを下げて視聴している人にはその音は届かず，その人は物語の進行についていけなくなってしまうおそれがあるからです。

　音響心理学を学んだことで，今仕事をするうえで役に立っていることはほかにもあります。ハース効果による定位の表現や，マスキングによる番組構成音どうしの聴こえ方への影響などです。ですが，そういった 1 つひとつの知識よりも何よりも，人の音の知覚・認知の仕方の複雑さを知ることができたことが大きな糧になっていると感じています。

　最後に，1 つだけ，皆さんに NHK の番組をお勧めさせてください。番組名は『ノーナレ「あるジャズマンの物語」』。この番組はナレーション無しで構成した本格ドキュメンタリー番組で，いつも音の構成が素晴らしいのですが，この回は神回です。私の尊敬する先輩がミクシングを担当されています。聴力を失い人工内耳で「音」を取り戻したジャズベーシスト吉本

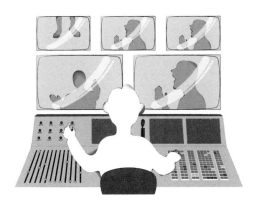

信行さんの番組です。吉本さんの人工内耳には電極が 12 個あり，これが聴神経を刺激することで音を認識しています。健常者の場合 15,000 から 20,000 個あるといわれる有毛細胞が担っている役割です。皆さんは吉本さんの聴く音の世界がどのようなものなのか，イメージできるでしょうか。この番組を担当した先輩は，まず，ディレクターを通して徹底的に吉本さんの聴こえ方について取材をしたそうです。人の声はどう聴こえるのか。音楽はどうか。生活の中の音，大きな音，小さな音はどのように聴こえるか。次に，人工内耳について調べたそうです。人工内耳をつけた人は皆，吉本さんと同じように聴こえるのか，それとも人それぞれなのか。そしてその先輩はこうも言っていました。「最終的な表現の原型となったのは，編集担当者が仮で当てていた音で，それをもとに表現を膨らませていった。自分 1 人で考えてつくったわけではないんだ」。独りよがりでなく，信頼できる仲間の意見を尊重して作品に向き合うことが，多くの視聴者に届く音づくりの秘訣なのかもしれません。この番組は NHK オンデマンドで観られますので興味のある方はぜひチェックしてみてください。

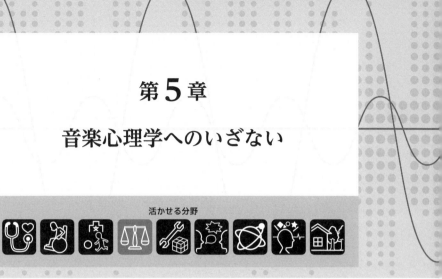

第5章

音楽心理学へのいざない

活かせる分野

1節　音楽心理学とは？

　音楽や音響に関わる仕事をしている人でも，音楽心理学という分野で行われている研究やその成果を知っている人は，実はあまり多くはないのではないでしょうか。一般的には，音楽心理学と聞けば「スポーツや勉強への音楽の効果を調べたり，音楽療法をしたり，もしかしたらカラオケの研究もしているのかな」，あるいは「どんな曲がヒットするか研究しているのかも」と思われているかもしれません。筆者のところにも，高校生や大学生，あるいはマスコミからの質問や取材が来ることがありますが，多くが音楽の効果，音楽療法，音楽の流行などに関するものです。もちろん，そのような内容も広い意味で音楽心理学の一部ですし，そうした事柄に関して関心が高いこともうなずけます。

　しかし，音楽心理学の研究は，長い間，音の高さや大きさの感覚，音列の音高的あるいは時間的な知覚的群化（グルーピング），そしてメロディ・リズム・ハーモニーという音楽の3要素の認知といった，音楽を聴く際の基本的な感覚，知覚，認知の研究が主流となってきたのです。高さの違う音が交互にすばやく演奏されると高音部と低音部の2つのメロディが演奏されたように感じられるとか，ヘッドホンで左右の耳に異なる音が鳴らされると右耳がメロディ，左耳が伴奏の

ように感じられるというような，音のイリュージョン（錯聴）という
楽しい研究もあります。

　そして，そのような個々の音楽的な知覚や認知が，どのように発達
するのかといった縦断的な視点での研究や，社会の中で音楽が果たし
ている役割や機能，音楽が心理や身体に及ぼす科学的な効果――特に
最近では，脳の働きなども含めた音楽と健康や，音楽と感情――など
の研究も行われています。さらには，音楽の符号化（MP3 など）や
楽曲検索，演奏者の動きを記録して（モーションキャプチャ）解析す
るといった，一見すると工学分野の内容と思われるものも精力的に研
究されています。

　音楽心理学は，「音楽」をキーワードにした，複合的研究領域なの
です。定義するなら，人間（広くは生物）の音楽行動のプロセスやメ
カニズムを研究し，その規定要因と行動との関係を明らかにしようと
いうものです。音楽に関わる人間の行動について，知覚，認知，記憶，
思考，社会，感情，生理などの側面を明らかにするとともに，それら
がどのように発達するのか，文化的普遍性と制約，臨床的適用，背景
音や環境音としての利用，建築や音響製品といった工業分野などの現
実場面での応用など，さまざまな角度からアプローチしていこうとい

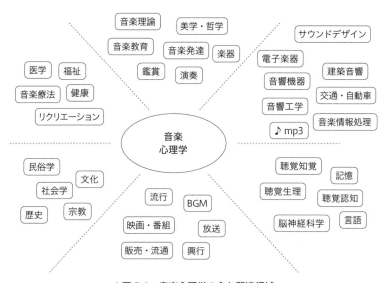

▲図 5-1　音楽心理学の主な関連領域

うのが，大きなテーマであるといえます。ですから，音楽心理学の関連領域は，とても幅広いものになっています（図5-1）。

　このように，音楽心理学はさまざまな領域の方法や理論と関係があるだけに，研究の根本的な出発点として，自分は音楽のどのような側面に注目しているのか，それが人間の音楽行動全般の中でどのように位置づけられるのか，どのような研究方法を使うことができるのか，ということを考えることが大切です。音楽理論や音楽史との関連としてか，音響物理学的現象としてか，コンピューターで扱うことができる情報としてか，生理・心理学的現象としてか，社会・教育的事象としてか，環境を構成する要素としてか，記号・構造体としてか，美学・哲学的考察の対象としてか，ある種の商品としてか，などです。

2節　音楽心理学のアプローチ

　とはいうものの，このままではあまりに漠然としていてとらえにくいので，音楽心理学研究にはどのような切り口があるのか，筆者なりに整理してみました。ここではまず，音楽に対する人間の反応，音楽の階層，音楽の要素，音楽と人間との関わり方の4つに分けて，それぞれからどのようなアプローチができるかをみていくことにします。

　それぞれのアプローチの内容を，図5-2にまとめてあります。ここで全てについて触れることはできませんが，考えるときのヒントや手がかりにしてください。

▲図5-2　音楽への多様なアプローチ

1. 音楽に対する人間の反応から考えてみよう

　音楽を聴いたり演奏したりするとき，人間にはどのような反応や行動が生まれるでしょうか。音楽を聴く場合には，まず音を受け止める聴覚的な感覚受容があり，それらを分離したりまとめたりする知覚があり，知覚したものを記憶したり意味づけたり理解したりする認知があります。そのうえで音楽に共感したり感動したり，感情が生じたりしますし，音楽に合わせて身体運動が起こったりします。その間には，当然ですが，脳や自律神経系でのさまざまな変化があります。どの反応に注目するのかによって，それを測定するための方法も変わります。同じ反応に注目しても，研究の背景が異なれば，研究方法も違うものになります。そのうえ，音楽を理解したり，感情や感動が生じたりするときには，対象となる音楽そのものの特徴だけではなく，聴いている個人の知識や経験，その人が属している社会での音楽文化や価値観なども強く関わってきます。

　ところで，音楽聴取においては，しばしば感情的な反応を伴います。そのような音楽と感情との関係を研究する際には，感情を表現する形容語を使って，聴いている人にどのような感情が生じているか，あるいは，聴いている曲がどのような感情を表現しているかを評価してもらうのが一般的な方法です。「明るい－暗い」や「楽しい－悲しい」といった反対の意味の形容語を両側においてどちらに近いかを評価してもらうSD法や，「明るい」「悲しい」などの程度を評価してもらう単極評定法，当てはまる形容語にチェックを入れてもらう形容語チェックリスト法などがあります。ほとんどの場合，ある時点での感情を評価してもらう方法です。しかし，音楽を聴いている間，ずっと同じ感情の質や程度が続くわけではありません。むしろ，常に変動していくのが当たり前です。そこで，特定の1つまたは2つの感情次元を取り上げて，連続的に評価をしてもらう方法も試みられています (Schubert, 2001)。これは時間芸術である音楽に対する感情反応を調べるには非常に興味深い方法ですが，一方で，時系列データを音楽のどのような特徴と対応づけ，どのように分析するのかについては，まだ多くの研究者が模索している段階です。

2．音楽の次元から考えてみよう

　梅本（1996）は，音楽には音響としての音楽，知覚の対象として
メロディ・リズム・ハーモニーをもつものとしての音楽，理解の対象
としての主題と発展という構造をもつものとしての音楽，共感の対象
としての思想や筋書き（意味および内容）をもつものとしての音楽の
4つの次元があると述べています。音楽の次元は，前項の「人間の反
応」とも関係があります。音楽の4つの次元で対象になることを簡
単にまとめてみます。

(1) 音響の次元

　音楽を構成している1つひとつの音は，空気の粗密の変化であり，
振動の連続です。私たちは，それらが同時に複数起こり，変化してい
る物理現象を受け止めて，あるものは一連のものととらえ，あるもの
はそれとは別のものとして分離し，心の中で（頭の中で）再構成して，
「音楽」として感じています。ですから，音楽心理楽の研究では，最
も基本的な次元として物理現象である音響の性質や，音響を知覚する
ための聴覚の特徴を明らかにする必要があるのです。音響学や聴覚生
理学の分野に近いのですが，音楽心理学では重要な研究として取り上
げられ，現在でも取り組まれています。

　人間が感じる音の高さや大きさ，長さ，音質や音色などの心理的感
覚は，音の周波数や音圧，音の立ち上がりと減衰，周波数スペクトル
や調波構造などの音響物理的性質と関係しています（音の高さ，大き
さ，音色は，音の3要素あるいは3属性とも呼ばれています）。それ
らを厳密な環境統制下で調べていくことが基本になります。ある音が
どこから聞こえてくるのか（定位），音の奥行きや広がりを何で感じ
ているのかといった音の空間的な特徴の知覚は，3次元映像や高精細
映像の進歩に伴い，音の臨場感の研究として改めて注目されています
（谷口，2018）。このような「音」の研究は，一見音楽とは関係なさ
そうですが，より高度で複雑な人間の音楽行動を理解するための基礎
となります。

（2）知覚の次元

　連続する複数の音をパターンとしてまとめるのが，知覚の次元です。音楽の場合は，似たような音響的性質をもつ音が続けて鳴り，高さや大きさが同じ方向に変わったり，同じタイミングで現れたり消えたりするものを，一連のものととらえます。それが，リズムやメロディのもとになります。複数の異なる音の系列が同時に進行しているときは，そのどれかに注目して追いかけることもできます。ブレグマン（Bregman, 1990）は，これを聴覚の情景分析（auditory scene analysis）と呼びました。聴覚の情景分析には，重なり合う音列を分離する音脈分凝（auditory stream segregation）と，音源を同じくする音列の統合という2つの働きが必要です。このような音をまとめる群化の働きによって，複数の声部を区別したり，音高の上下によって描かれるメロディの輪郭をつかんだり，音の長さや間隔のパターンであるリズムや拍子を感じたりすることができるのです。このような，メロディやリズムなどの音楽の主要な要素の知覚や認知の特徴を明らかにすることは，20世紀後半における音楽心理学研究の中心的なテーマでした（音楽知覚認知研究とも呼ばれ，学会名にもなっています。例：日本音楽知覚認知学会，音楽知覚認知国際会議）。

（3）構造の次元

　音楽知覚認知研究が対象としたメロディやリズムのパターンは，主に数音から数小節のものでした。基本的な音楽知覚の仕組みは知ることができても，より長く多くの音が含まれる楽曲構造の認知の働きは分かりません。音楽とは，1つひとつメロディやリズムの基本パターンや和音ではなく，それらがいくつも進行し，しかも多くの場合は階層化した構造をもつものです。いくつかの音列のパターンは，さらに大きなまとまりであるフレーズとして認識され，それが前後のものと関連づけられて1つの曲となります。フレーズは変形しながら繰り返されることもあります（転調，拍子やリズムのバリエーション，分散和音化などです）。主題とその発展や，あるフレーズが後に変形して登場するとき，それらを認識して理解するためには，今鳴っている音を処理するだけでなく，それを記憶し，原型と変形の関係が分かることも必要です。時間を超えた階層構造的な関係性の処理が必要とな

るのです。

（4）意味の次元

　私たちが音楽を聴くのは，ある曲が表現したいことを共感的に理解
し，美的な感動体験を得るためです（単なる暇つぶしという場合もあ
りますが）。音響的性質を分析したり，メロディやリズムを群化したり，
楽曲構造を把握するのは，そのために必要なプロセスではありますが，
それ自体が目的ではありません。音楽を聴くことの意味は何なのか，
私たちの中に何が生まれるのか，楽曲全体に対して１つの最終的な反
応というものがあるのか，それとも，そのプロセスの時間的連続のあ
りように意味があるのか。そうしたことを解き明かすのが，音楽心理
学の究極の目標ではないでしょうか。

　また，一般的には音楽は人間の外にあるもので，それをどのように
聴くか，というのが聴取行動の研究の暗黙の前提です。しかし，私た
ちの「外」にある音楽だけを考えるのは適当ではないのかもしれませ
ん。頭の中で（勝手に）鳴っている音楽，声に出さずに歌っている歌
など，「心の中にある音楽」というものは，少なくとも今はまだ科学
的にとらえることができませんが，誰もが体験していることではない
でしょうか。いつか，そういう「内」にある音楽にアプローチできた
らと願わずにはいられません。

3．音楽の要素から考えてみよう

　メロディやリズムといった音楽の要素は，本来は切り離すべきでは
ない（切り離すことはできない）のでしょうが，実際には全ての要素
を一体的に扱うのは困難です。したがって，どれかに絞って研究する
必要があります。メロディやリズムでは，数音から数小節の音列（標
準刺激）と，一部を変えた音列（比較刺激）を継時的に呈示して，両
者が同じかどうか（異同判断）や，どの程度似ているか（類似性判断）
を答えさせるという方法がよく使われます。また，やや難しいですが，
呈示された音列を歌唱，演奏，記譜などで再生させる方法も使われる
ことがあります。呈示する音列に対して操作を行うことで，音列の記
憶や識別に関わる要因を探ることができます。手続きの中に妨害（干
渉）を加える方法もあります。もしそれでパフォーマンスの低下を招

くなら，その妨害が当該の課題遂行に必要な情報の痕跡を消したり，処理を阻害したりするということになります。つまり，その課題にはどんな情報や処理が必要なのかを推定していくことが可能になるのです。

　音楽認知の基本メカニズムを明らかにするためには，上記のような方法を使い，特定の要素に注目して，比較的単純で短い音列を素材とした実験を積み重ねていくことが必要です。より長い，より複雑な要素の音楽認知が，単純に逐次的な単位的処理の積み重ねで説明できるのか，それとも，質的な転換を伴う別のプロセスやメカニズムを必要とするのか，後者ならばそれはどのようなものなのかを明らかにするのが，次の課題といえるでしょう。

4. 音楽と人間の関わりから考えてみよう

　4つ目のアプローチとして，音楽と人間の関わりや音楽の機能という側面に注目してみましょう。多くの場合，音楽の演奏や鑑賞は芸術や娯楽として行われています。また，コミュニケーションや協調的行動などの社会的活動を促進する場合もあります。それらの現象や仕組みを明らかにすることも音楽心理学の研究となります。

　特に，音楽を媒介として心理的介入を行う音楽療法や音楽に合わせて身体を動かす健康法やリハビリテーションには，多くの人が関心をもっていることでしょう。ここで大切なことは，単純にそれらの是非を論じることではなく，音楽のどんな性質や要素が，人間の何に対してどのように作用しているのかを検証していくことが必要だ，ということです。場合によっては，その効果がどの程度持続するのかを確認することも必要でしょう。思い込みや経験論で何かの効果を求めて音楽を使うことは，科学的とはいえません。

　また，私たちは日常的になかば強制的に音楽に「曝されて」います。テレビの番組やCMで多用される音楽，オフィスや商業施設や街中で流れているBGM，列車の発着時に流れる音楽など，多種多様です。商業ビルでは，ビル全体とは別に，各テナントでも音楽を流しています。BGMの短期的な心理的効果については，ポジティブなものもネガティブなものも多くの研究がなされています。しかし，強制的に曝される音楽が，人にどのような影響をもたらすのかについての研究は

ほとんどされていません。これからの社会的な課題として，公衆衛生的な観点からも，長期的な音楽環境の影響に関する心理的アセスメントが必要だと思います。

　音楽行動が，いつどのように獲得されていくのか，また，それが子どもの認知や言語や運動などの発達とどのように関連するのかも，興味深いテーマです（梅本，1999）。乳幼児を対象にした，高さや音色などの特徴が違う音の弁別や，メロディやリズムの同定や弁別など，基本的な音楽知覚や認知の研究は数多く行われています。しかし，話すことができない赤ちゃんについては，分かっていないこともたくさんあります。赤ちゃん（乳児）が機嫌良く声を出しているときには，まるで歌っているかのように聞こえます。もちろん，赤ちゃん自身は自分が歌っているなどという考え自体をもっていません。1歳前後ではリズムのある声を出し，2～3歳になると言葉にメロディをつけて遊ぶ子もいます（小西ら，2016）。音の高さの違いなどは早いうちから分かっていても，「音楽」という概念や，自分が聞いているものが「音楽」であるという意識や，自分は歌を歌っているんだという意識は，いつ頃芽生えるのでしょうか。

3節　音楽心理学の展望

　本書では，音楽心理学のごく一部を取り上げて紹介することしかできませんでしたが，まだまだ取り組むことができることや，現実の生活に活かすことができることがあります。最後に，どのようなところで音楽心理学の研究成果が利用されているのか，また，今後どのような研究が期待されるのかを紹介します。

　私たちが音楽を聴く際に，しばしば「MP3」という言葉を耳にするかと思います。正式には MPEG-1 Audio Layer-3 というものですが，これは，音楽や音声を圧縮する符号化技術の1つであり，また，それによってつくられたファイル形式の呼び名にもなっています。MP3 では，人間の聴覚特性を利用して音を圧縮して，できるだけ音質を保ったままファイルの容量を小さくしています。その1つが，同時あるいは直前直後に鳴る近い周波数の小さな音が聞こえにくくなる「マスキング」です。人のざわめきの中にいると小さな声が聞こえに

くい，というのもマスキング現象です。もう1つが，周波数によって小さな音の聞こえやすさが異なる「最小可聴値」です。夜にテレビやステレオの音量を下げると低音や高音が聞こえにくくなるのは，最小可聴値が大きいからです。つまり，低音や高音に対しては感度が悪いのです。このような人間の聴覚特性を利用して，聞こえにくい音を中心に圧縮するので，それほど劣化を感じないのです。どちらかといえば，音響心理学あるいは聴覚心理学の領域になるかもしれませんが，このような技術応用のおかげで，より手軽にたくさんの音楽を持ち運び，楽しむことができるようになったのです。

　また，音楽を選んだり「おすすめ」してもらうときの手がかりとして，人間の感情と音楽の特徴をデータ化し，それをもとにして特定の気分に合う曲や特定の感情をもたらす曲を探したり，似たような雰囲気をもつ曲を探したりすることも，各社で試みられています。具体的にどのような方法を使いどの程度「ヒット」するのかは研究と違ってあまり明らかにされませんが，AIの利用と相まって，聴取履歴などをもとにした個人の好みも反映された検索がより実用的になっていくのではないでしょうか。シーンに合わせた効果音楽の選曲や，オフィスやお店の雰囲気に合うBGMの選曲などにも，活かされるかもしれません。

　研究としては，まだまだ不明なところが多い脳の働きの計測，音楽独自の感情生起メカニズムやプロセスの解明，モーションキャプチャなどを利用した演奏技能の解析，音楽能力のより詳細な発達特徴の解明，音楽療法や音楽を利用した健康増進の効果の検証などが，基礎的研究としても応用研究としても求められています。興味をもった方は，ぜひ取り組んでみてください。

音楽情報処理技術と心理学

　音楽情報処理とは，音楽を扱う情報技術のことであり，それに関わる仕事について説明します。情報技術者はコンピューターの使い方やプログラミングだけでなく，情報機器の仕組みや構造を理解し，業務に携わります。ここで，音楽に関する情報処理技術には「カラオケ」「オーディオ」「音楽配信」のように，私たちにとって身近なものが多くあります。情報技術者が趣味で音楽をやっていたということでもない限り，彼らが音楽に精通していることは稀でしょう。小中学校の義務教育では音楽を学ぶ機会があるものの，音楽情報処理に携わるための基礎知識を習得しているとはいいがたいでしょう。音響心理学や音楽心理学では，音の基礎や，音を人が聴いたときに感じる様相について知ることができますから，ここでは音響心理学や音楽心理学が情報技術開発にもたらす効果について紹介します。

　最も重要といえるのは，音の大きさ，つまり「ラウドネス」でしょう。ラウドネスは主観的な音の大きさであり，信号から算出される音圧レベルでは説明できないことがあります。たとえば聴感度曲線から，1000 〜 4000 Hz あたりの周波数はそれより低い周波数よりも大きく聞こえます。この事実を知っていれば，音楽再生装置の設計において適切なレベル設定ができるようになります。従来の地上波によるテレビ局やラジオ局で配信される番組制作だけでなく，最近流行りのユーザーが個人で配信可能なインターネットテレビやインターネットラジオでも重要です。つまりラウドネスを適切に調整できることが望まれます。

　野外ライブや結婚式会場での音響再生を担当する仕事に PA（Public Address）という仕事がありますが，PA は通常グラフィックイコライザと呼ばれる装置を使って周波数帯域つまり音の高さごとに，再生される音の大きさを調整します。再生する現場で快適な音環境をつくるために長年の経験に基づいて行いますが，この背後にある理論が聴感度曲線です。音の大きさのバランスが特に重要になるのがカラオケの BGM，つまり伴奏音の設計でしょう。カラオケの伴奏は MIDI と呼ばれる電子音楽技術を使うことが多いです。MIDI は調やテンポの変更が簡単にできるため，ユーザーの音域や声域にあわせて調節できることから広く普及していますが，伴奏音の音量のバランスが崩れやすくなります。たとえば「ドラムがうるさい」「ギターが聞こえない」などになりかねません。ここでもラウドネスの知識があれば適切に調節できるようになります。

　また，カラオケで重要な機能といえる歌唱の上手さを評価する機能もありますが，この採点技術にも心理学の知識が必要となります。たとえば音

の高さ，つまりピッチがお手本と合っているかどうか，という点です。人間の声ですので機械のとおりには必ずしもなりませんが，あまりにずれていると外れてしまい，上手と判定することはできません。この判定には，弁別閾が関係します。人間はピッチの違いをどの程度で聞き分けることができるのか，について過去から深く議論されており，たとえば 1000 Hz の純音の場合ではおおよそ 0.2 ％ つまり 2 Hz 程度であると知られています。言い換えるとこのような微小な差を人間は聞き分けることができません。よって，カラオケ採点を設計する際には，これ以上の差を評価することになります。音の大きさについても同じで，あまりに小さなラウドネスの差は評価する必要がありません。人間は機械のようにわずかな誤差には鈍感なので，人間の評価を機械に取り入れるにはそのような知識も必要となります。

　最後にトーンクロマとトーンハイトがあります。人間は高さの異なる音に共通の性質を見出すことができます。たとえば「高いドと低いド」のように，同じドの音なのですが，異なる性質があります。カラオケの採点を行う際に，たとえば歌唱をしている人がお手本と 1 オクターブだけずれている場合があるとします。物理的な量つまり周波数としてはお手本から外れていますが，クロマとしてとらえると同じと考えることができるため，この場合は減点しなくても構わないことになります。音楽情報処理技術者がこの理論つまり心理学を知っていれば，このような設計が可能となります。似たようなことで白物家電のサインメロディがあります。人間は音の高さを臨界帯域と呼ばれる耳の構造によって理解します。たとえば高さの大きく離れた音による音列は，その速度が速くなるにつれて 2 つの異なる音列に聞こうとします。反対に高さの近づいた音列は 1 つの音列に聞こうとします。この原理を使って，たとえばポットや炊飯器といったお茶の間でポピュラーな家電のサインメロディの設計において，ユーザーに聞かせたいメロディの設計が可能になります。音響心理学や音楽心理学は，一見工業技術にあまり関係ないように思われるところもありますが，このように，音楽に関わる情報産業では必要不可欠である学問といえるでしょう。

第6章

音楽の認知

活かせる分野

皆さんは，ふだん音楽を聴くときにどのように聴いているでしょうか。歌の場合など特にそうだと思いますが，ひたすらメロディや歌声を追いかけていますか？　それとも，ベースラインやコード進行を追いかけたり，ドラムやリズムをひたすら追いかけたりしているでしょうか。実際に聴こえてくる音に注目するというよりは，その音楽の印象から連想される情景をイメージすることに一生懸命になる人もいるでしょう。一方で，演奏の質（上手さ）やテクニックに注目して聴く場合もあるかもしれません。このように，音楽を聴き何を認知するかは多種多様であり，1つではありません。よく音楽と言語は似ているといわれますが，言葉を聞いて認知するのは基本的には1つの「意味」だけであることを考えると，音楽と言語の認知はずいぶん違うということが分かります。

　音楽の認知には，音楽に含まれるさまざまな要素を知覚し，それらを組み合わせ，知識を使いながら，1つのまとまりのある「音楽」として認識していく，という聴取面での認知処理があります。それとは別に，作曲や演奏など音楽を生み出すときに，どのような音楽や表現にしたらよいか思考したり，自分の身体（例：指，口）の運動を制御・調整する，という産出面での認知処理があります。本章の前半では聴取面，後半では産出面での認知を扱います。こうした音楽の認知につ

いて深く学習することにより，たとえば小・中学校の先生が音楽の鑑賞授業をより楽しく中身の濃いものにしたり，楽譜を読む学習や楽器を練習する指導に活かすなど，音楽教育の仕事に活かすことが期待できます。また，人間の音楽認知の原理を応用し，音楽を分析したり楽譜を作成する人工知能を開発するなど，音楽情報産業にも活かされています。

1節　音楽の聴取面での認知

1. メロディの知覚的体制化

第2章，第3章にあるように，音楽を聴くとき，私たちは大脳の聴覚野で個々の音の高さ，強さ，長さ，音色などを知覚します。しかし，そのままではそれぞれの音がバラバラで，無意味な音の羅列にしか聞こえません。次々と聞こえてくる音を組み合わせてメロディとして認知したり，一方では同時に聞こえる複数の音を和音として認知したり，もしくは，そういったさまざまな音をメロディと伴奏とドラムのリズムと……などいくつかの音の流れ（音脈）に仕分けして認知したりしています。このように，感覚器官を通して外界からやってくる多様な刺激を整理・分類し，意味のあるまとまり（ゲシュタルト）を

▲図6-1　メロディの知覚的体制化（群化の要因に基づく音脈の知覚）の例

J. S. バッハ作曲「オーボエとヴァイオリンのための協奏曲」第3楽章冒頭ソロ部分。オーボエの音を▲，ヴァイオリンの音を●で示してある。両者の音域はかなり近い（音高の近接）が，(A) のように両者が渾然一体となってしまうのではなく，音色が異なる（音色の類同性）ことや，音の長さの類同性（冒頭はオーボエが8分音符，ヴァイオリンが16分音符）などによって，(B) のように2つの音脈が明確に知覚される。

見出していくことを知覚的体制化といいます。こうした認知処理は簡単なようで，実際にコンピューターや人工知能にやらせようとすると大変難しく，人間は非常に高度な認知処理を行っていることが分かります。

　どのような音の組み合わせがまとまり（音脈，メロディなど）になりやすいかは，群化の要因によって決まってきます。音楽の場合，たとえば，音高の近接性の要因（音高が近い音どうしが1つの音脈になりやすい），音色の類同性の要因（音色が似た〔同じ〕音どうしが1つの音脈になりやすく，逆に音色が異なる音どうしは別々の音脈になりやすい）などがあります（図6-1）。また，音が聞こえてくる場所や方向がある程度はっきりしている場合は，空間的な近接性の要因（同じ方向から聞こえてくる音は1つの音脈に，違う方向から聞こえてくる音は別々の音脈になりやすい）も絡んできます。実際の音楽や演奏では，音色，音高（音域），空間的近接性などさまざまな要因が複雑に絡み合い，互いに拮抗してしまうこともありますが，プロのミュージシャンが十分に配慮した演奏ではメロディなどの各音脈をはっきりと聴きとることができます。

　複数の群化の要因を実験的に拮抗させることもできます。ヘッドホンで，右耳には図6-2の（A）の音列を，左耳には（B）の音列を同時に呈示する場合を考えてみましょう（左右の耳に別々な音響刺激を呈示することを両耳分離聴といいます）。もし，これらの刺激を「空間的な近接性」によって知覚するなら，右耳からは（A）の音列，左

▲図6-2　音階旋律の錯覚（Deutsch, 1982 を改変）

耳からは（B）の音列が聞こえてくるはずです。ところが実際には，ほとんどの場合，右耳から（C）の音列が，左耳からは（D）の音列がなっているように聞こえてしまうのです（左と右が逆のこともあります）。聴き手は，これらの音列を「空間的な近接性」ではなく「音高の近接性」に基づいて2つの音列（高い音域と低い音域の）に群化して聴きとり，さらに，それぞれの音脈を左右の耳から別々に聞こえてくるものとして錯覚してしまうのです。この現象は音階旋律の錯覚と呼ばれています（Deutsch, 1982）。

　音楽の知覚的体制化には，このような音脈の知覚のほかに，拍節構造に基づく拍節的体制化，調性構造に基づく調性的体制化があります。それらについては，「3．周期性とリズムの認知」「4．調性の認知」でそれぞれ後述します。

2．メロディライン（旋律線）の認知

　メロディを認知するとき，私たちは，音の刺激を音響的な物理パターンや絶対的な音高情報（絶対音高）としてではなく，音の高さの変化のパターンとして心の中に表現し，記憶しているということが分かっています。たとえば，図6-3の（A）のメロディを聴いたとき，多くの人はメロディを（E）のようなピッチの上下動の「線」のパターン（ただし視覚的にということではない）として大雑把に把握します。この「線」は旋律線もしくは旋律輪郭線と呼ばれています。

　旋律線の重要性は，移調再認実験で確認されています（Dowling, 1982）。移調再認実験とは，短いメロディが2回呈示されるのですが，2回目は1回目とは別の調に正確または不正確に移調されており（カラオケで「キー」を上げたり下げたりするのと同じ），1回目と2回目のメロディが同じ（正確な移調）か異なるか（不正確な移調）を判断するという課題です。一般の聴き手は，図6-3の（A）のようなメロディを聴いた後で，旋律線の形が同じ（C）のメロディ（ただし音程が一部異なる）を聴くと「Aと同じ」と答えてしまいますが，旋律線の形が異なる（D）のメロディを聴くと「Aとは異なる」と簡単に答えることができます。つまり，旋律線が同じだと多少音程は違っていても同じメロディに聴こえ，旋律線が違うとすぐに違うメロディだと分かるわけです。この傾向は年齢が低くなるほど，また音楽経験が

▲図 6-3　移調再認実験などで典型的に用いられるメロディの例
（Dowling, 1982 を一部改変）と旋律線のイメージ（E）

（A）を元メロディとして，（B）は別の調に正確に移調したもの，（C）と（D）は別の調に不正確に移調した変形メロディ。ただし（C）は元メロディと旋律線の形が同じで，（D）は旋律線の形が異なる。実験では，(B) に「同じ」，(C) と (D) に「異なる」と答えると正解。

少ないほど強くなります。ただし，同じメロディを何度も聴くと徐々に細かい音程の幅も記憶されていくため，（C）のメロディが（A）とは異なることが分かるようになります。また，音楽訓練を受けた人は音高を階名（ド，レ，ミ……）や絶対音名（C, D, E……）として言語化できるため，こうした記憶実験の成績は高くなります。旋律線に基づくメロディの認識はすでに乳児の段階で行われていることが分かっていますが（Chang & Trehub, 1977），ピッチの変化を認識する精度は，発達や音楽経験とともにより細かく正確になっていくと考えられています（Dowling, 1982）。

3. 周期性とリズムの認知

　音楽の本質的な要素の１つに周期性というものがあります。例外も多くありますが，ふだん耳にするような音楽であれば，私たちは曲に合わせて一定の時間間隔で手拍子を叩くことができます。これは，私たちが音楽の周期性を知覚・認知していることの証拠で，この一定の時間間隔のことを基本拍（ビート）と呼んでいます。ドラムが常にビートを打っている曲では，ビートを知覚することは簡単ですが，クラシックなど必ずしもビートの場所に音があるとは限らないような曲

でも，多くの場合はビートを知覚することができます。

　私たちが知覚する周期性はビートだけではありません。ビートの連続を2拍，3拍などの拍子としてグルーピングすることにより，より大きな時間単位の周期性（西洋音楽では小節に相当する）も知覚します。たとえば，マーチは1，2，1，2……というように2拍ごとの周期性，ワルツなら1，2，3，1，2，3……というように3拍ごとの周期性を感じることができます。私たちはメロディをビートの連続として認知するとともに，拍子・小節などのより大きな時間単位へと何重かに構造化して認知しているのです。このように，階層的な時間構造（拍節構造）に基づいて周期性を知覚することを拍節的体制化といいます（岡田・阿部，1998; 後藤，2000）。作曲家や演奏家は，聴き手が拍や拍子・小節を認知しやすいようにさまざまな工夫をします。たとえば，作曲家はメロディの旋律線や伴奏の形を繰り返しパターンになるように作曲したり（例：伴奏を「ズン・チャ・チャ」と3拍周期にする，「ドソミソドソミソ……」というように4音周期にする），演奏家は1拍目をより強調して（強く）演奏したりしています。

　リズムは拍子と混同されることが多く，「2拍子のリズム」「3拍子のリズム」といった使い方をする場合もありますが，これは厳密には正しくありません。リズムとは，同じ3拍子でもワルツとボレロは異なるとか，ラテン音楽の2拍子系のリズムでもサンバとルンバは異なるというように，音の長短の配列パターンの違いを示すものです。私たちはさまざまなリズムパターンを認識・区別し，記憶・再生することができます。単純なリズムパターンであれば，1歳前の乳児でもリズムの違いに気づくことができます。たとえば，トレハブら（Trehub & Thorpe, 1989）の研究で，7〜9ヵ月の乳児は3音条件では「×× ×」と「× ××」の違いを，4音条件では「×× ××」と「××× ×」の違いを聞き分けることができるということが分かりました。さらに，子どもは成長するにしたがって，複雑なリズムを覚えてそのリズムを叩いたり（再生），聞こえてくるリズムにあわせて一緒にリズムを叩くこともできるようになります（同期）。

4．調性の認知

　心地よい，きれいなメロディとはどのようなものでしょうか。ただ

音を適当に並べるだけでは，不快でよく分からないメロディになってしまう可能性があります。作曲家はさまざまな趣向を凝らしてメロディや歌をつくりますが，多くの場合，調性という枠組みの中でメロディをつくっており，これがメロディらしさの基盤となっています。

　心理学的な実験からも，メロディらしいメロディは，調性と密接な関係があることが分かっています（星野・阿部, 1984）。調性とは，ある1つの音高（中心音）が特別に重要な音として心の中に定まり，また，その中心音が特定の音高（音階）構造の中で他の音高を支配しているかのように密接に結びついているように感じられる心理現象のことです（阿部, 1987; 吉野, 2015）。メロディが長調や短調など音階の音で構成されていると，たいていは調性を感じることができます。今までにそのようなメロディを聴いて「最後にこの音で終わりそうだ」という音高を予測できたことはないでしょうか。そして，実際にその音高でメロディが終わる（終止する）と，きっとまとまりよく安定して終わった感じ（終止感）がしたはずです。このとき，メロディをまとまりよく終わらせる音高（終止音ともいいます）が中心音なのです。ちなみに，西洋音楽の場合は中心音を主音と呼び，主音の音高と音階の種類（長調か短調）を組み合わせて調名が決まります。たとえば，主音がハ音（ド）で長調だとハ長調，主音がニ音（レ）で短調だとニ短調となるわけです。

　現代の日本人は，生まれたときからさまざまな音楽を聴きます。ふだんよく耳にするポップス音楽，ジャズ，クラシック音楽のほとんどは西洋音楽の長調や短調（オクターブ12音のうち7音を使う：7音音階）に基づいています。また，聴く機会は多くないかもしれませんが，日本の伝統音楽は，陽音階・陰音階・民謡音階などの5音音階に基づいています。私たちは，こうしたさまざまな音楽を聴くうちに，知らず知らずのうちに心の中に音階・調性構造に関する知識（調性スキーマ）を複数身につけていきます（図6-4）。メロディを聴くとき，私たちはそのメロディ（の音高構造）を複数の調性スキーマのどれかに当てはめようとします。このように，メロディを調性スキーマに当てはめて構造化・体制化することを調性的体制化と呼びます。調性スキーマにぴったり当てはまる場合は，安定してメロディらしく聴こえ（調性感が高い）記憶しやすいですが，当てはまりが悪い場合やどの

▲図6-4　現代日本人がもつ調性スキーマ（音階組織の枠組み）

オクターブ内12半音を表す格子上に，各音階を構成する音高を○印で示している。音階音の名前は，西洋音楽のド，レ，ミ，ファの階名を中心音（主音）をドとして便宜的に日本音階にもあてはめて表記している。

調性スキーマにも当てはまらない場合は，まとまりがなくランダムな印象に聴こえ（調性感が低い）記憶しにくくなります。ただ，一方で調性スキーマにぴったり当てはまるようなメロディは単純すぎてつまらなく感じたり，逆に当てはまりが悪いほうが新鮮で面白く感じることもあります。

　ところで，日本の音楽を聴いたことのない外国人が初めて君が代を聴くとき，聴き終わったときに終止感を感じられないことがあるそうです。君が代は律音階という5音音階でできているのですが，この音階は西洋の長音階（7音音階）と一部共通するところがあります。おそらく，外国人は君が代を長調の調性スキーマに当てはめて聴くものの，最後に「レ」で終わってしまうため，「長調の曲ならドで終わるはずなのに，レで終わるなんて終わった感じがしない」という感覚（当てはまりが悪い状態）だと推測されます。しかし，そのような人でもさまざまな日本音楽を聴くことによって調性スキーマが修正され，徐々に日本音楽に対しても終止感を感じるようになるはずです。

5. 和音・和声の認知と音楽的期待

　和音は，3つ以上の音が同時になっている音のことで，音の組み合わせや各音高間の協和の仕方によって響き方・聴こえ方が違ってきます。2つの音高の周波数比が単純ならば協和的に，逆に複雑ならば不協和的に聴こえると考えられています。オクターブを除くと，周波数比が2:3である完全5度音程（例：ド−ソ）が最も協和して聴こえ，次に3:4の完全4度音程（例：ド−ファ），4:5の長3度音程（例：ド−ミ），5:6の短3度音程（例：ミ−ソ），が協和的に聴こえます。和音の響き方や印象は，これらの協和音程がどのように含まれるかによって大きく変わってくるのです。

　西洋音楽では，3つの音高からなる和音を三和音，それにもう1つの音高を加えたものを四和音といい，それらの種類は音の組み合わせによって無限に近くあるわけですが，上記の協和音程を組み合わせた長三和音（例：ド−ミ−ソ）や短三和音（例：ラ−ド−ミ）が最もよく用いられます（どちらも，隣り合う2音は長3度か短3度，両端2音は完全5度音程）。音楽熟達者は，それぞれの和音のパターンや響きの特徴を覚えており，和音が呈示されるとその和音の名前を言ったり，逆に和音の名前や記号を見てその和音を弾いたりすることができます。また，特別な音楽経験のない人でも，ちょっとしたコツをつかめば長三和音と短三和音など和音を区別することができます。

　さらに，これらの和音は調の中で独自の役割（機能）を与えられて用いられます。たとえばハ長調では，音階に沿って，Ⅰド−ミ−ソ，Ⅱレ−ファ−ラ，Ⅲミ−ソ−シ，Ⅳファ−ラ−ド，Ⅴソ−シ−レ，Ⅵラ−ド−ミ，Ⅶシ−レ−ファという7種の三和音が用いられますが，Ⅰド−ミ−ソの和音（主和音：トニック）はメロディが主音ドで終止するときに一緒に用いられ，Ⅴソ−シ−レの和音（属和音：ドミナント）は終止する直前の和音として用いられるなど，重要な機能をもっています。私たち聴き手は，こうした和音の機能や進行のパターン・規則性（これを和声もしくは機能和声という）を知らず知らずのうちに学習し，知識（和声スキーマ）として獲得します。その結果，特定の和音進行が出てきたときに，その次に出てくる和音が何となく予測されるようになります。音楽経験のない人でさえも，こうした和声に

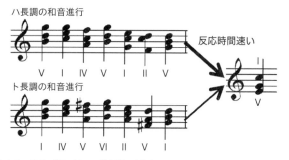

▲図6-5　和音プライミング実験の例（Bigand et al., 1999 に基づいて作成）

ハ長調の和音進行（上）とト長調の和音進行（下）のどちらかに続いてターゲット
ト和音（ミーソード）を呈示すると，ハ長調の和音進行の時の方が聞き手の反応
時間が速くなる。このターゲット和音は，ハ長調の和音進行からは予測される和
音（主和音）だが，ト長調の和音進行からは一般的には予測されない和音（属和音）
である。

基づく予測処理を行っていることが和音プライミング実験（例：
Bigand et al., 1999）で確認されています。たとえば，ある特定の調
の主和音（例：ハ長調のドーミーソ）を呈示する前に，同じ調の典型
的な和音進行を呈示する場合と，別の調（例：ト長調）の和音進行を
呈示する場合では，前者のほうが反応時間が速くなるのです（図6-5
参照）。

　このように，たとえ初めて聴く音楽だとしても，今聴いている音楽
が次にどのように進行していくかを意識的・無意識的に予測すること
を音楽的期待といいます。音楽的期待は，和音進行以外にも，メロディ,
リズム，構造など，音楽のさまざまな側面について生じます。マイヤー
(Meyer, 1956) によると，ある音楽パターンによって生じた期待が,
期待通りに実現されれば「解決」の状態になりますが，多くの場合,
期待は別の音高の出現によってはぐらかされたり（逸脱），先延ばし
されたり（遅延）します。このようなとき，心的な緊張状態が引き起
こされますが，最終的にはそれらの期待は解決され，心的・情動的に
満たされると考えられます。たとえば，典型的な和音進行を聴いて主
和音を期待したのに別の和音が出現したとき，「驚き」や「意外性」
といった感覚が引き起こされるとともに，主和音への期待感がより強
まるのです。作曲家は，こうした音楽的期待に伴う心理的効果を巧み
に利用して，変化に富む楽曲を作曲するわけです。また，作曲家は常

に前の時代よりも新しく斬新な曲を生み出そうとします。前の時代の
スタイルの（スキーマに一致する）曲は，理解はしやすいですが，そ
の一方で面白みに欠け，刺激的とはいえないからです。その結果とし
て，調の中での音の使われ方や和音の種類・機能は，時代とともに拡
大し複雑になってきました。現代音楽はもちろん，ポップス音楽で用
いられる和音の多くは，バロック時代ならほとんどが不協和音になっ
てしまうのです。

2節　音楽の産出面（演奏）での認知

1. 演奏に関わる運動制御と技能の習得

　音楽を演奏すること——楽器を弾いたり歌を歌ったりすること——
は，非常に複雑な認知過程に支えられています。楽器にしても歌にし
ても身体のどこかを動かすわけですから，運動の制御をしなければな
りません。この運動制御には，①どの音をどんな順番で奏でるか意図・
計画し（運動プランニング）→②それらの音を出すために身体の各部
位をどのように動かすか（運動プログラム）を考え→③実際に筋肉・
身体を動かし（実行）→④出した音が意図通りのものか確認する（モ
ニタリング）などの過程が含まれます。たとえばピアノで「かえるの
歌」の最初の部分を弾く場合，①楽譜に書いてある音符を判読して（曲
を覚えている場合は音を思い出して）「ドレミファミレド」の順番に
弾こうと思う→②それぞれの音の鍵盤を親指・人差し指・中指・薬指
……で順番に弾こうと考える→③それぞれの指を動かす筋肉を適切な
タイミングで動かす→④意図通り「ドレミファミレド」と聴こえてき
たか確かめる，というようになるでしょう。しかし，実際はただ音を
出せばいいというわけではなく，音を出すタイミングや長さ，音の強
さや音色などのさまざまな要素を微妙にコントロールしなければなり
ません。

　初心者・中級者・上級者のどの人にとっても最大の課題は③実行の
部分です。意図通りに自由自在に指を動かしたり，管楽器奏者が美し
く安定した音を出すために口の動きや息の吹き加減を微妙に調節した
り，また身体の複数の部位（例：両手，口と手）の動きの連携をとる
などです。これらの演奏動作，各種テクニックを習得するには反復練

習が必要です。練習開始当初は，思うように身体が動きませんし，指などを動かすために意識を集中しなければなりませんが（認知段階），何度も繰り返すうちに，連続する動作を徐々にスムーズにできるようになっていきます（連合段階）。最終的には，指が勝手に動いているかのような感覚になります（自動化段階）が，実際は自動的に身体が動いているわけではなく，非常にわずかな意識だけでコントロールができている状態です。

　次に大変なのは，①運動プランニングと②運動プログラムの部分です。どのように音楽を演奏し，そのためにどのように身体を動かすかを緻密に考えます。楽器を演奏することはパソコンのキーボードを打つことと似ているようで大きく違います。それは，上で書いたように，音を出すタイミングや音色などさまざまな要素をコントロールし，何らかの音楽的な意図を表現することが必要になるからです。音楽的な表現は楽譜に書かれている場合もありますが（強弱（f, p）・速さ・音の長さに関する指示，活気をもって・熱情的になど音楽の表情に関する指示），書かれていない場合は自分なりにその曲を解釈してどのような表現にするか（音楽表現，演奏表現）を考える必要があります。また，たとえ楽譜に表現が指示されていたとしても，テクニック的にどのように身体を動かすか（例：重々しくするためには具体的にどのように身体を動かして弾けばいいのか）を考えなければいけません。そのためには，さまざまな音楽的知識や演奏慣習を学び，自分自身で試行錯誤を重ねることが必要になります。

　さらに，音楽的によりよい演奏をするためには，どのような演奏を目指すのかを漠然とではなく，より具体的な聴覚的イメージとして心の中に作り上げること（オーディエーション）が重要です。ここまで来ると，身体を動かすための運動プランニングというよりは，自分の演奏を客観的にとらえるメタ認知としての色合いが強くなります。メタ認知とは，認知を認知することで，自分の認知活動を客観的にモニターしたり（メタ認知的モニタリング），制御・調整したりする（メタ認知的コントロール）上位の認知機能のことです。メタ認知が適切に働いている人は，どんな演奏をするかしっかりした目標を定め（目標設定），そのための運動プランや運動プログラムをしっかり立て，演奏中に自分が意図したとおりの演奏ができているかチェックする

（モニタリング）ことができますが，メタ認知が働いていない人はそういったことをしないため，演奏がなかなか改善しないのです。モニタリングの重要さを示すものとして，たとえば「歌を歌う人にヘッドホンをかけてもらって，そこから雑音を流し，音を大きくしていくと，だんだん歌の音程が外れ，音のレベルが 80 dB を超すと，歌の上手な人でも全く音程が乱れてしまう」（梅本，1987）という実験があります。雑音によって自分の歌声をモニタリングできなくなり，できるはずの発声コントロールができなくなってしまったのです。メタ認知は，こうした演奏場面だけではなく，教科の学習やスポーツの訓練などでも非常に重要です。

2. 楽器の訓練と熟達

(1) 幼少期の音楽訓練の効果

　音感は子どもの頃に決まる，音楽訓練は幼児期から始めないと大きくなってからでは手遅れだ，などという意見があります。心理学では，後の発達・学習に決定的な影響を与えるような幼児期の学習を初期経験・初期学習，その学習が成立する生育初期の期限を臨界期（もしくは敏感期）と呼んでいます。たとえば，母国語の学習は臨界期である5歳頃までに学習をしなければ，その後にどんなに多くの訓練を行ったとしても正常なレベルにまで達するのは不可能だと考えられています。音感や音楽技能の習得については，近年の脳の可塑性研究などから，ゆるやかな敏感期があると考えられています。ただし，絶対音感だけは，言語獲得と同様に比較的明白な臨界期の存在が分かっています。

　絶対音感とは音を聴いて基準音に頼ることなく絶対音名（C，C#など）を答えることができる能力です。榊原（2004）によると，6歳半までに専門の訓練を開始すればほぼ絶対音感を習得できますが，7歳を過ぎると非常に難しくなります。ただ，絶対音感は，耳で聴いただけの音楽を演奏したり楽譜にしたりできるほか，暗譜や作曲活動に有利という程度のもので，楽器を演奏するうえで必須の能力というわけではありません。逆に，絶対音感があると相対的に音をとらえることが苦手になり，移動ド唱法（主音をドとして階名で歌う）の習得に時間がかかることが知られています（宮崎，2004）。

脳の可塑性の話に戻りましょう。脳の可塑性とは，脳が学習や経験によって構造や機能を変化させる性質のことです。特に発達初期では，適切な刺激や経験によって脳の各部位が機能を分化させ，それぞれの部位をより発達させる大きな変化が起きます。また，発達初期に限らず，学習や記憶をするときは脳神経細胞のシナプス結合の強度が絶えず変化し，学習を積み重ねるほどその部位の体積が増大します。近年のMRIなどを用いた脳機能イメージング研究で，幼少期の音楽訓練の効果が示されています。たとえば，熟達した音楽家は非音楽経験者に比べて，聴覚野，運動野の手に関連する領域，感覚・運動野の視空間領域の体積が大きいことなどが分かっています（Altenmüller & Gruhn, 2002）。幼少期からの膨大な量の練習によって，音を知覚・処理し，演奏を運動的にコントロールする脳の部位が高度に発達すると考えられるわけです。

　このように，幼少期は音楽技能獲得の敏感期であるといえるでしょう。しかし，幼少期の言語学習が言語獲得を決定づけるのとは異なり，音楽の場合は楽器の難易度や目指すレベルが多種多様です。目指すレベルがそれほど高くなければ楽器を大人から始めても十分に間に合うし，楽器によっては（コントラバス，ギターなど）プロ演奏家になることも全く無理ではないのです。

（2）練習方略の獲得と動機づけの役割

　楽器を習っている人は，レッスンで指導者からさまざまな練習方略（方法）を学びます。たとえばピアノの場合，片手ずつ，部分ごとに区切って，遅いテンポから始めて徐々に速くするなどです。しかし，子ども（特に初心者の場合）はそういった練習方略を積極的に使わず単純に曲を通す練習しかしないため，上達しないことが多いのです。このように，知っている方略を使わない状態を産出欠如といいます。これは，メタ認知が低いため，自分の演奏のどこが良くないのか把握することができず，また，良くない箇所を修正するために効果的な練習方略がどれなのか選ぶことができないからだと考えられます。

　中学生ぐらいになってメタ認知が発達すると，練習の仕方が徐々に変わってきます。さまざまな練習方略の重要性を理解し，必要な状況に応じて効果的な練習方法を選択し実行するなど，自己の練習を調整・

コントロールし自分なりに練習を組み立てるプランニングができるようになるのです。もちろん，計画的に練習したからといってすぐに上手くなるわけではありませんが，自分の状態をできるだけ客観的にモニタリングして，不十分なことは何か，不十分なことを克服するためにはどのような練習をしたらよいか考えることにより，徐々に上達していくのです。また，楽器を弾くことができない状況（夜遅くや通学通勤の途中など）でも，練習の補足となる方略を用いるようになります。たとえば，模範演奏を聴いて曲のイメージを膨らませる，頭の中でイメージ練習を行う，楽譜を見て曲の分析（調性・リズムの把握，和声の分析，主題の展開・構造の理解）や暗譜をするなどの方略が効果的です（Barry & Hallam, 2002）。

　しかし，これらの諸方略やメタ認知も，モチベーションが低いままではうまく発揮されません。楽器の練習やレッスンを続けるモチベーションには，音楽や曲が好きだからという内発的動機づけと，親や先生にほめられたい・ごほうびをもらいたい・叱られたくないなどの外発的動機づけがあります。基本的には，内発的動機づけが大きいほど練習量が多くなり，練習方法や内容もよくなるので，より高いレベルに上達できる傾向があります（O'Neill & McPherson, 2002）。しかし，同時に外発的動機づけも重要で，コンクールで入賞して認められたい，家族・先生・友達から賞賛されたい，ライバルに負けたくないなどということが一生懸命練習するモチベーションになったりします。また，仲間の存在という外発的動機づけもあります。ブラスバンドやオーケストラなどに所属していて，仲間がいるから切磋琢磨して練習する，仲間がいて楽しいから活動に行くなどで，これは意外とバカにできません。さらに，発表会や演奏会など人前で演奏する目標があることも動機づけを高めるのに有効です。発表会自体は外的なものですが，下手な演奏をしたくないという内的な必要性が生じ，自然とふだん以上に多くの練習をすることになるのです。

　このように，親や先生としては，さまざまな機会を通じて音楽の楽しさを子どもに伝えることによって内発的動機づけを高めつつ，目標を用意したりほめるなど外発的動機づけも上手に使うとよいと考えられるでしょう。高校生や大人の場合は，自分自身で自己のモチベーションをコントロールしていくことが重要になるのです。

演奏の心理

音楽の心理・認知について学んだことを活かすことができる職業として
は，ミュージシャンや音楽の先生が挙げられます。ここでは，北海道教育
大学の大学院（音楽専攻）を修了し，現在，札幌を中心にピアニスト，ピ
アノ講師として活動している鹿野真利江さんを紹介したいと思います。鹿
野さんは大学院で著者の音楽心理学の講義を受講してくれており（使用教
科書：パーンカット他著『演奏を支える心と科学』誠信書房），それが現在
の仕事に活かすことができているか聞いてみました。

● 演奏面に関して：「イメージづくりと演奏の視覚的効果を意識するよ
うになりました」

　ピアノ講師としての仕事が忙しく，なかなか自分自身の練習時間がとれ
ない鹿野さんは，短い時間でいかに効率よく練習するかをいつも考えてい
るといいます。そんなときに音楽心理学が活かされていると感じるのは，
イメージづくり，メタ認知についてです。イメージづくりとは，112 ペー
ジに書いたように聴覚的イメージを頭の中に作りあげることですが，鹿野
さんも，実際に鍵盤を弾いて練習する前に，CD などで模範演奏をいくつ
か聴き，自分なりに曲の分析をして，自分がどのような演奏にしたいかの
イメージをできるだけ具体的につくっているそうです。曲の背景（作曲家
がどのような思いでこの曲を作曲したか）を調べたり，曲の構造（調性・
リズム・和声・形式）を分析したりすることは，イメージづくりと同時に
曲を覚えること（暗譜）にも役立っています。また，練習時間について，
これは音楽に限らずさまざまな分野の勉強や練習に当てはまることですが，
何日かおきに長時間の練習を集中してやる（集中練習）のではなく，短時
間でもいいから毎日コツコツと練習をする（分散練習）ことを心がけてい
るそうです。

　メタ認知については，演奏中に自分が弾いた音や自分自身の姿について，
できるだけ客観的にモニタリングするように努めているといいます。特に，
講義で演奏者の動きの視覚的な効果（動いたほうが表現が聴き手に伝わり
やすいこと）について学んでからは，練習時に自分の身体の動きをビデオ
で撮影し，身体の動かし方や視覚的に魅せる工夫を考えているそうです。

● 教育面に関して：「子どもなので，やはり動機づけが大事です」

　ピアノ講師として生徒にピアノを教えるときにも，講義で学んだことを
活かすことができているといいます。まずは，自分自身の演奏とも共通す

るイメージづくりです。CD を聴くことを勧めたり，鹿野さんが模範演奏を弾いて聴かせることによって，生徒が楽譜に書いてある音をただ弾くのではなく，曲のイメージを明確にもつようになったそうです。また，イラストを見せてイメージをわかせることや，弾く前にメロディをラララで歌わせて，こう弾きたいというイメージを生徒との間でやりとりすることもイメージづくりに役立っているそうです。曲の分析は，幼児や小学生低学年では難しいですが，音型やリズムに注目させているとのことです。「ここと同じところある？」と聞いて見つけさせ，「じゃあ 1 回目と 2 回目どうやって弾きたいかな？」と表現に結びつくようにしているそうです。また，少し違うところを示して「リズムがどんな風に変わってる？」と聞いて気づかせることなども曲の理解に役立っているようです。

　子どもを教えるときにいちばん活かせているのは「動機づけ」だそうです。子どもなので，つまらない・自分にはできないと思ったら，練習するのを嫌がりますし，そもそも楽器を習うことをやめてしまいます。先生も必死なわけです。鹿野さんは，講義で内発的動機づけの重要性について学んでから，生徒がピアノを弾くのが楽しくて好きになるようにさまざまな工夫をしているといいます。幼児の習い始めの時期では，リズム遊びの活動を取り入れたり，音符を教えるときも「ワンワン」などと動物の鳴き声で表現したり，楽しんでできるようにしているそうです。また，ほめて伸ばすことを意識していて，上手に弾けたところを取り上げて「ここ上手だったからもう 1 回聴かせて」とほめるなど，1 回のレッスンで必ず何か 1 つはできたという満足感を得てもらうようにしたり，「ここができたならこれもできるんじゃない？」というようにできることを無理なく増やしていくなど，次のモチベーションにつながるような声がけをしているそうです。

　鹿野さんは「教える」ことについてもメタ認知を意識し，自分の教え方の計画を立て（プランニング），レッスンが終わった後には振り返り（モニタリング）をして，自分の教え方や子どもの状態・反応がどうだったかをノートに記録しているそうです。このように頑張っている鹿野さん，とても素敵な先生ですね。

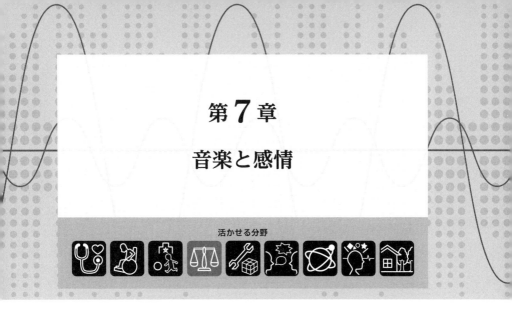

第7章

音楽と感情

活かせる分野

　皆さんは，ふだん，どのように音楽と接しているでしょうか。好きな曲を聴く，歌う，演奏するといった積極的な関わりは，すぐ思い浮かぶことでしょう。皆さんが音楽と積極的に関わるときは，音楽を聴いたり演奏したりすることで楽しくなりたい，あるいは，リラックスしたいなど，特定の気分になることを求めていることが多いと思います。他の人と一緒に演奏する場合は，さらに，協同して音楽を作り上げるという喜びも加わるでしょう。一方で，TV番組，映画，インターネット動画，ゲームなどの効果音楽や，お店や病院などで流れているBGM（背景音楽）は，どちらかというと受け身的なもので，音楽として意識されていないこともあるでしょう。こちらは，私たちが自分から望んでというよりは，作り手（送り手）が，私たちに何らかの感情的な効果を与えたいと考えているのです。もちろん，音楽には，喜怒哀楽といった一般的な意味での感情を動かすだけではなく，音楽そのものの芸術性や完成度による美的・宗教的な至高体験をもたらしたり，逆に，リズムに合わせて自然と身体を動かしてしまったりする働き（運動誘発）もあります。この章では，主に音楽を聴いて変化する聴き手の感情に焦点を当てて，音楽と感情の関係を考えていくことにします。

1節　音楽における感情の考え方

1. 音楽と感情のどこに注目するのか

　私たちが音楽を聴くとき，そのときどきのメロディやリズムやハーモニーによって，さまざまな印象を受け取り，気持ちが変化していきます。楽しい気持ちや悲しい気持ちや優しい気持ちになるメロディ，繰り返されることでどんどん興奮していく力強いリズムや単調で眠気をいざなうリズム，緊張や不安や安心感をもたらすハーモニー，といったものです。あるいは，イントロ，Aメロ，Bメロときて，サビになったときに，気持ちが大きく動き，言いようもなく高ぶったり鳥肌が立つように感じたり泣きそうになったりします。さらに，演奏表現や演奏者の身体の動きによっても，それらの感情の強さは変わるでしょう。こうした，音楽の構成要素や構造，演奏表現などが，どのような感情と結びついて，どのように変化していくのかは，研究者にとっても興味深いものです。連続的に主観的な感情や生理・神経的反応を測定することで，時々刻々と変化する心理的な感情と身体的な反応と音楽が，どのように対応しているのかを研究します。

　それに対して，曲全体に関わる感情に注目するとらえ方もあります。ここでは，ある曲が全体としてどのような感情を表現しているのかを，音楽作品の感情的性格と呼びます。また，ある曲を通して聴いた後に，聴き手の中に生まれる感情（心と身体の変化）を感情体験と呼びます。音楽と感情に関する研究の多くは，こうした，音楽作品の感情的性格や聴き手の感情体験がどのようなものなのか，また，両者がどのような関係にあるのかを明らかにしようとしてきました。さらに，音楽を聴いてある感情になったときに，記憶や価値判断などにどのような影響があるのかについての研究も行われています。

　それでは，音楽と感情の研究は，どのような切り口で行っているのか，また，どのような方法を使っているのかについて，みていくことにします。

2. 曲の全体または部分と感情

　曲全体を通しての感情的性格や感情体験を扱うのか，音楽の要素や構造の特徴と感情体験との関係を扱うのかは，似ているようで違うも

のです。音楽の要素や曲の部分ごとでどのように感じるかも大切ですが，全体としてどのように感じるか，その体験がどのように他の活動に影響するかは，部分ごとへの反応の単純な足し算にはならないからです。また，音楽は時間的に進行して展開されるものなので，曲全体を扱うならば全部聴いた後に主観的な感情を測定する必要がありますし，要素部分を扱うならば連続してあるいは一定の区切りごとに感情や身体反応を測定しなければなりません。連続時間の場合は，感情測定の方法も異なります。

　曲全体に対する感情的性格や主観的な感情体験の測定は，多くの研究で行われてきました。それらは一般に，「質問紙」と呼ばれる，数個から数十個ある評価項目に選択肢で答えていく方法を用います。曲を分割して，その部分に対する主観的な感情を測定する場合も，ほぼ同様の方法を用いることができます。しかし，連続時間で測定する場合は，同時に多くの項目に答えることはできません。したがって，「快－不快」や「興奮した－落ち着いた」のように，何か1つか2つのこと（次元）に注目してもらい，それを連続して答えてもらうことになります。あるいは，感情を表す複数の形容語の中から，そのときどきでどれか1つを選択するという方法もあります。これらの，音楽の感情的性格や主観的な感情体験の測定については，この章の後半でより詳しく紹介します。

3. 音楽作品の感情的性格と聴き手の感情体験

　研究する際には，音楽作品がもつ感情的な性格と，聴き手や演奏者が体験する感情は，同じものなのか，違うものなのかも，考えなければなりません。分かりにくいかもしれませんが，感情的性格とは，その曲がどんな感情を表現していると受け止められているか，感情体験とは，聴き手の中に実際にどのような感情が生まれているかということです（主観だけでなく生理的・神経的な反応も含まれます）。この2つには大きな違いがないとする立場もありますが（中村，1983），私は，理論的には区別すべきであると考えています（谷口，1995）。ガブリエルソン（Gabrielsson, 2002）も，前者を emotion perceived，後者を emotion felt と呼び，明確に別のものと考えています。また，川上ら（Kawakami et al., 2013）は，音楽の印象と聴き手の感情体

験を区別できるように説明して測定することで，emotion perceived
と emotion felt には違いがあることを示しました。彼女らの研究では，
短調の曲は強い悲しみを表す曲として認知されましたが，聴き手自身
の感情体験としては，ほどよい悲しみと同時に，曲の感情的性格より
も不快ではない，または快適であると答えました。

　音楽作品の感情的性格を測定した代表的な研究は，ヘヴナー
(Hevner, 1936) によって行われました。彼女は，8グループに分け
た感情表現語の中から，今聴いた音楽（およびその部分）の印象に当
てはまるものを自由に選ばせました。そして，どのグループの表現語
がどの程度当てはまるかを感情価（affective value）と名づけ，感情
価によって音楽作品やその部分ごとの感情的性格を表現しました。こ
れは，人の性格検査において，どういう性質がどのくらいあるかでそ
の人の性格を表現する方式である「特性論」の考え方に近いといえま
す。ヘヴナーの研究は2節でより詳しく紹介しますが，音楽の感情
的性格をカテゴリー特性的にとらえる考え方は，扱う感情が曲の中に
あるのか聴き手の中にあるのか，また，さまざまな測定方法の違いを
超えて，その後の研究に大きな影響を与えました。

4. 感情カテゴリー：感情を質的なカテゴリーとしてとらえる

　音楽と感情の研究は，当然ですが，感情心理学の理論や方法の影響
を強く受けています。感情をどのようにとらえるかという枠組みにつ
いては，感情カテゴリーという考え方と，感情次元という考え方の2
つが代表的なものです。そして，感情のとらえ方が違えば，それぞれ
の研究で用いられる方法も異なるのです。感情のとらえ方(感情概念)
はほかにもあるのですが，音楽と感情の研究に関わりの深い感情カテ
ゴリーを本項で，また，感情次元を次項で紹介します。

　おそらく，日常的な経験と近くて，最も分かりやすいのが，喜怒哀
楽に代表されるような，感情をいくつかの質的な種類に分類して，そ
れらの特徴や働きをとらえようとする考え方でしょう。そのように分
けられた感情のグループのことを，感情カテゴリーと呼び，多くの研
究者がさまざまな感情カテゴリーを提案しています。実は，感情カテ
ゴリーの背景には，個体の維持（自分の命を守ること）や種の保存（子
孫を残すこと）に必要な適応的な生理的準備態勢が，感情の起源であ

るという考えがあります。それが基本感情理論（basic emotions theory）です（Ekman, 1984; Plutchik, 1980; Izard, 1977 など）。適応的な反応というのは，たとえば，自分のテリトリーに入ってきた相手を威嚇して追い払ったり，強い相手と出会ったらすぐに逃げたり，好ましい相手に近づいて仲良くなることなどです。基本感情理論では，喜び，悲しみ，恐怖，怒り，嫌悪，驚きといった，性質や役割の異なる基本的な感情が，それぞれ特有の表情や行動や神経生理的な反応をもつ適応的な実体として存在すると考えています。したがって，基本感情における表情の表出や認知は文化普遍的であり（どの文化でも共通している），文化によって異なるのは，文化固有の表示規則（display rules）のためであると考えられています（Ekman & Friesen, 1971; Ekman et al., 1987）。

　音楽と感情の研究においても，こうした基本感情理論を背景とした感情を質的なカテゴリーとしてとらえることを前提として，音楽作品の感情的性格や，聴き手の感情体験の測定を行っているものが数多くあります。ただし，先ほど紹介したヘヴナーの研究もそうですが，音楽と関連づけて扱われる感情カテゴリーは，一般的な基本感情そのものとは若干異なっています。どちらかというと，怒り・憎しみ・恐怖のような強いネガティブな感情を含むカテゴリーは少なく，楽しさ・喜び・活気のような強いポジティブな感情や，優しさ・落ち着き・悲しさ・暗さのようなやや弱い感情を含むカテゴリーが多いのです。さらに，気高さ荘厳さといった至高体験的なものや，懐かしさや感傷的といった，従来の感情カテゴリーとはやや異なるものも含まれていることがあります。それは，音楽が表現したり音楽を聴いて引き起こされる感情が，私たちが日常経験する対人関係や行動から生まれる感情とは，完全には一致していないからだと思われます。音楽による感情と日常的な感情の性質は，基本的には同じだと主張する研究者がいる一方で，両者はそもそも違うものなのではないかという意見もあります。同じ名前で呼んでいる感情も，その意味づけや価値が，異なっている場合もあります。たとえば，一般的には，「悲しい」という感情はネガティブなもので，できれば回避したいものです。しかし，私たちは，わざわざ「悲しい」音楽を聴いて，「悲しい」気持ちに浸ろうとします。悲しみに対するアプローチが逆方向なのです。

また，表情表出の文化差は表示規則による制約に過ぎないとされますが，文化は表現に関わるだけではなく，感情形成そのものに深く関わっていると考えられます。実験で使用される表情写真は，典型的で人工的な表情であることが多いのですが（たとえば，Ekman & Friesen, 1975），より自然な表情を使った研究では表情の認知率は低い傾向があります（Motley & Camden, 1988）。

　音楽の場合も，たとえばジュスリンとティンマース（Juslin & Timmers, 2010）は，基本感情の演奏表現に関わる多くの先行研究の結果から，喜びは速いテンポ，スタッカート（歯切れのよい短めの音），強い音，明るい音色などと関係し，悲しみは遅いテンポ，レガート（滑らかに続く長めの音），弱い音，鈍めの音色などと関係するなど，演奏表現と基本感情との間に，一定の関係があることを見出しています。しかし，明確な基本感情を表現した演奏では，演奏者の意図と聴き手の認知がよく一致しますが，悲しみと優しさのように，比較的穏やかな感情の演奏表現は区別が難しいこともあるようです（Gabrielsson & Juslin, 1996）。顔の表情の研究と似ていると思いませんか？

5. 感情次元：感情を少数の次元上の方向と量でとらえる

　感情心理学には，感情を多くの質的なカテゴリーではなく，快－不快や興奮－鎮静といった，2〜3程度の少数の次元でとらえようとする考え方も，古くからありました。つまり，2次元や3次元の座標空間の中の，方向と量（ベクトル）で表現することで，感情の性質を理解しようとするものです。感情次元をはじめに考えたのは，スペンサー（Spencer, 1890）やヴント（Wundt, 1896; 1910）です。ヴントは，快－不快（pleasure‐unpleasure），興奮－沈静（excitement‐calm），緊張－弛緩（tension‐relaxation）の3次元で，感情経験を説明することができると提案しました。その後も多くの感情次元が提唱されましたが，次元として何を置くかは研究によって多少異なります。ほぼ共通するのは，状況や対象に対する誘発性（valence）の方向（接近－回避，つまり，快か不快か，好きか嫌いかなど）と，神経の賦活（arousal）の程度（興奮しているかリラックスしているか，覚醒しているか眠気があるかなど）の2次元です。

感情を次元的にとらえる考え方は，個々の感情刺激（顔や音楽など）を細かいたくさんのカテゴリーに分類するだけではなく，少数次元に還元して空間配置することで，感情の性質を数量的にも直観的にも理解しやすくすることが最大のメリットです。

　こうした研究を背景に，ラッセル（Russell, 1980）は，28 の感情表現語を使って，反対に感じるものは対極に，似て感じるものは近くになるように，円形に並べさせる実験を行いました。また，数段階のグループ分類をさせることで，感情表現語間の距離データを求める実験も行いました。その結果，いずれの実験でも，快−不快と覚醒度の 2 つの軸が得られたことから，その 2 軸による 2 次元空間上で 28 の感情表現語を円環状に配置する，感情の円環モデル（circumplex model）を提唱しました。そして，ラッセルと共同研究者たちは，感情次元に基づいた感情測定尺度として，快−不快と覚醒の 2 軸からなる平面上の位置を示させる Affect Grid を開発しました（Russell et al., 1989，図 7-1）。Affect Grid の最大の特徴は，一度に 1 次元だけでなく 2 次元に同時に注目させて主観評価を行わせることにあります。これはかなり重要なことで，実はたくさんの項目を使う質問紙でも，1 回ごとの評価では 1 つの次元（評価項目）にしか注目していません（1 次元の評価を次々やっているわけです）。

　この Affect Grid は，その後の 2 次元的主観感情測定研究の基礎となります。さらに，PC のグラフィカルインターフェースやデバイス

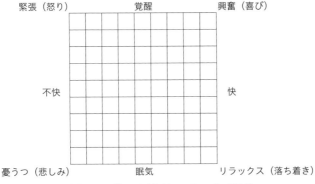

▲図 7-1　**Affect Grid**（Russell et al., 1989）

の発展とともに，Affect Grid を画面上に表示し，マウスやタッチパネルなどを使うことで，連続的に主観感情を 2 次元で測定することが可能になりました。このことは，時間芸術である音楽の展開と，聴き手の感情の時間的変化が，どのように関係するかを研究するうえで，大きな意義があります。シューベルト（Schubert, 1999; 2001; 2004）は，Affect Grid を応用して音楽聴取による連続時間での 2 次元感情測定を数多く行い，多くの研究に影響を与えています。ただし，シューベルト自身，2 次元への同時注目は可能ではあるものの，注意や認知的資源の問題があることも認めています（Schubert, 2001）。

　1 つ大きな問題があります。カテゴリー分類でも次元測定でも，自分の感情体験を主観的に評価するということは，ふだんは自分でも気がついていないことも多い内的な心理状態と生理的状態の種類や程度や変化に，わざわざ注意を向けさせ，自覚させて，言葉にさせ，強弱の程度まで判断させるということです。観察や測定をすること自体が，観察対象や事象に影響を与えるという，観察者効果というものがあります。心理学では特に，主観は直接外からは観察できませんから，いったん本人に言葉や行動で表現してもらう必要があります。そのことが，その人の感情に方向づけを与えたり，不自然な構えをつくらせたりする可能性には，十分に気をつける必要があります。

2 節　音楽と感情の結びつき

　前節では，音楽（楽曲そのものや，メロディやリズムや和声といった要素）の感情的性格と，実際にそれらを聴いたときの聴き手の感情体験との違い，また，感情そのもののとらえ方としての感情カテゴリーと感情次元の違いについて考えてきました。2 節では，感情的性格や感情体験を，実際にどのように測定しているのか，その結果どのようなことが分かったのかを紹介します。

1.　ヘヴナーによる音楽の感情的性格の研究

　1 節でも取り上げたように，音楽の感情的性格についての研究で最も有名なのは，ヘヴナーです。彼女は，感情を表現する 66 の形容語を意味の近いものどうしまとめて 8 群に分け，内容が近い群が近接

```
                          6
                        浮かれた
              7         歓喜に満ちた           5
            鼓舞する    陽気な           ユーモラスな
            舞い上がる  楽しい           おどけた
            意気揚々とした 朗らかな         気まぐれな
            劇的な      明るい           空想的な
            情熱的な                    風変わりな
            扇情的な                    活発な
            動揺させる                  繊細な
            興奮させる                  軽い
            衝撃的な                    優雅な
       8    落ち着きのない                        4
     力強い                              叙情的な
     たくましい                          のんびりした
     断固とした                          満ちたりた
     勇ましい                            のどかな
     重々しい                            落ち着いた
     堂々とした                          静かな
     賞賛する                            なだめるような
              1                    3
            崇高な                  夢見るような
            気高い          2      従順な
            畏敬させる    哀れな      やさしい
            威厳のある    悲しげな    感傷的な
            神聖な      悲しい      あこがれの
            荘厳な      悲しみに沈んだ 切望するような
            冷静な      悲劇的な    訴えかけるような
            まじめな    もの悲しい    哀調を帯びた
                      失意の
                      憂うつな
                      陰気な
                      重苦しい
                      暗い
```

▲図7-2　ヘヴナーの円形チェックリスト（Hevner, 1936）

するように円環状に配置しました（Hevner, 1936, 図7-2）。各群に
含まれる形容語は，6〜10語と，数にはばらつきがあります。彼女
は参加者に，ドビュッシーの「水の反映」，メンデルスゾーンの「真
夏の夜の夢」からスケルツォ，パガニーニの「練習曲変ホ長調」，チャ
イコフスキーの「交響曲第6番（悲愴）」から第1楽章の第2パート，
ワーグナーの歌劇「ローエングリン」から第3幕への前奏曲を，1曲
ずつ聴いてもらい，その曲の感情的性格に当てはまる形容語を，リス
ト中から好きなだけ選択（チェック）してもらいました。そして，各
群の形容語が選択された程度を感情価（affective value）と呼び，こ
れをグラフ化することで，音楽的性格の特徴を8種類の感情価によ
るプロフィールとして示したのです。さらに，リズム，旋律線形状,
和声,調について編曲したものを聴かせて,同様の方法で感情価を測っ

てみたところ，調の効果が最も大きいことが分かりました（Hevner, 1936）。別の研究では，ピッチやテンポを変えた場合にも感情価が大きく変わることも分かりました（Hevner, 1937）。

　ヘヴナーが使った方法は，形容語選択法，あるいは形容語チェックリスト法と呼ばれています。これは，比較的回答しやすく，うまく形容語群を構成することができれば特徴の違いをプロフィールで比較することができますが，選ばれた形容語がどのくらいの重みをもっているかは測ることができません（それをやろうとすると，回答者の負担がとても重くなってしまいます）。

2. 評定尺度による音楽的な感情カテゴリーの研究

　音楽の感情的性格（感情価）や聴き手の感情を，感情を表す形容語を用いた評定法で測定する尺度は，数多く開発されています。1 つずつ形容語を用いる単極評定尺度や（谷口, 1995; North & Hargreaves, 1997），形容語対を用いる両極評定尺度（岩下, 1972; Nielzén & Cesarec, 1982）などです。聴き手の感情体験に焦点を当てた単極評定尺度もあります（Asmus, 1985; Zentner et al., 2008）。単極の評定尺度とは，音楽を聴いて，その印象や自分の感情が，感情を表すある形容語にどの程度当てはまるかを答えてもらうものです（全く当てはまらない～非常によく当てはまる）。両極の評定尺度は，SD 法（semantic differential method）と呼ばれていますが，反対の意味をもつ形容語をスケールの両端に置いて，どちらにどの程度当てはまるかを答えてもらうものです。いずれも，5 段階～ 10 段階くらいで，当てはまる程度を答えてもらいます。ちなみに，10㎝くらいの直線のどこにでも印をつけてよいという無段階のやり方もあります（ただし，後で印の位置を測る必要があります）。最近では，これらの尺度を PC で呈示して，マウスでラジオボタンをクリックしてもらう，直接数値を入力してもらう，マウスで画面上のスライダを動かしてもらう，などの方法も使われます。

　単極や両極の評定尺度を用いた感情測定では，20 ～ 40 程度の形容語や形容語対が使われて，5 から 10 程度の感情カテゴリーの感情価を測定します。各カテゴリーに含まれる項目の評定平均値を用いて，音楽の感情的性格や聴き手の感情を特性的に記述したり，それをもと

▼表 7-1　音楽作品の感情価測定尺度 AVSM（谷口，1995）

第 1 因子：高揚※	第 4 因子：軽さ
沈んだ（−）	気まぐれな
哀れな（−）	浮かれた
悲しい（−）	軽い
暗い（−）	落ち着きのない
陽気な（＋）	のんきな
うれしい（＋）	第 5 因子：荘重
楽しい（＋）	厳粛な
明るい（＋）	おごそかな
第 2 因子：親和	崇高な
優しい	気高い
いとしい	まじめな
恋しい	
おだやかな	
第 3 因子：強さ	
強い	
猛烈な	
刺激的な	
断固とした	

※高揚因子のみ，両極性

　に楽曲や聴き手のタイプを分類したりします。たとえば，谷口の音楽
作品の感情価測定尺度 AVSM（表 7-1）では，高揚・親和・強さ・軽
さ・荘重の 5 つの感情カテゴリーが 24 項目で構成されていますが，
高揚のみ高揚と抑うつの反対方向の項目が同数含まれているので，実
質的には 6 カテゴリー（各 4 項目）となっています（日本語版です）。
ゼントナーらのジュネーブ感情音楽尺度 GEMS（Zentner et al.,
2008）は，聴き手の感情体験を測定するためのもので，最近よく使
用されています。感動・至高・優しさ・郷愁・平穏・力強さ・喜び・
緊張・悲しみの 9 カテゴリーで構成されていて，この論文で紹介され
ているのは 40 項目のものですが，GEMS-45，GEMS-25，GEMS-9
など，項目数の違う複数のバージョンが出ています（英語版です）。

3. 連続的な主観的感情の測定

　形容語チェックリストや，複数項目での単極評定やSD法は，1曲（あるいはその一部）を聞き終わってから，感情を多面的に評価するのに適しています。しかし，音楽は時間とともに変化していきますので，そのときどきでどのような感情表現がされているかや，どのような感情が生じているかを調べるには，連続的な感情評価が必要になります。そこで，音楽の感情的性格と聴き手の感情のいずれかにかかわらず，1つの感情だけに注目して連続的に評価させたり（Krumhansl, 1997; 谷口ら, 2014），1節で紹介した感情の誘発性（快−不快など）と覚醒の2次元に注目させて連続的に評価させたりする，連続時間測定法というものがあります。特に最近では，PC画面に描いた座標上のポインタやスライダをマウスやタッチパネルで動かしたり，PCに接続したジョイスティックやスライダを操作したりすることで，入力やその後のデータ処理が格段にやりやすくなりました。連続的な主観的感情の変化を測定することができれば，脳や身体の反応や，音楽の要素や音響的特徴などの変化と対応づけて検討することができます。それによって，私たちの中での音楽と感情の関係を，よりダイナミックに，より深く理解できる可能性があります。

　たとえばクラムハンスル（Krumhansl, 1997）は，悲しみ，恐れ，喜びを表す音楽を2曲ずつ聴かせて，その間の連続的な主観的感情と生理的変化を記録しました。悲しみを表す曲はアルビノーニの「アダージョ」とバーバーの「アダージョ」，恐れを表す曲はホルストの「惑星」の「火星」とムソルグスキーの「はげ山の一夜」，喜びを表す曲はヴィヴァルディの「四季」の「春」とアルヴェーンの「夏の徹夜祭」（スウェーデン狂詩曲第1番）でした。

　最初の実験では，悲しみ，恐れ，喜び，緊張のいずれかの感情に10人ずつ参加者が割り振られ，音楽を聴いているときにその感情がどの程度感じられたかをマッキントッシュの画面に表示されたスライダを操作して評価してもらいました。その結果，曲ごとに表現すると想定された感情と，実際に聴いたときに感じられた感情の程度は一致しました（緊張は恐れと同じ曲で高い値になりました）。

　次の実験では，客観的な生理指標として，音楽を聴いている間の心

拍，血圧，皮膚伝導，体温，呼吸などを連続測定しました。音楽は先ほどのものと同じでしたが，参加者は別の 38 人でした。実験の結果，悲しい曲では心拍が少なく，血圧が高くなり，体温と皮膚伝導が下がりました。また，怖い曲では血液の伝播時間が長くなり，振幅が減りました。楽しい曲では呼吸数が増えて呼吸の深さは下がりました。これらのことから，感情的性格を聴いた場合に異なる生理的反応が生じることは分かりましたが，残念ながら，音楽以外の感情でみられる感情特定的な生理指標との関係はみられませんでした。

4. 客観的指標による感情の測定

　音楽を聴くことで生まれる感情体験には，主観的な側面だけでなく，本人にも自覚したりコントロールしたりすることができない，脳や自律神経や内分泌系や筋肉の微小な変化といった，生理・神経的反応も含まれています。これらは，感情の客観的な側面だといえます。前項で述べたように，主観的な感情体験の測定では，測定自体が感情に影響する可能性があるとともに，意図的に強調して答えたり，反発して反対の答えをしたりすることもあり得ます。

　そこで，生理・神経的な測定を用いて，音楽が確かに感情を喚起することを示そうという試みもあります。最近では特に，fMRI や PET，NIRS といった，脳機能イメージングと呼ばれる技術を利用した，音楽や音楽的刺激を聴いたときの脳活動の研究が盛んに行われています。また，伝統的には，脳波や事象関連電位，心拍・血圧・容積脈波・呼吸といった循環器系や呼吸器系の指標，皮膚電気抵抗などの末梢系指標が使われてきました。前項で取り上げたクラムハンスル（Krumhansl, 1997）は，音楽の感情的性格と伝統的な生理指標との対応を，細かく検討しました。そして，音楽の感情的性格ごとにいくつかの生理指標が変化することから，音楽を聴くことで実際に感情体験が生まれていると主張しました。

　脳機能イメージングを利用した音楽と感情の最初の研究は，ブラッドら（Blood et al., 1999）によって行われました。彼女らは，主旋律に協和または不協和音の伴奏をつけた曲を聴かせて，PET で脳の活動を測定しました。協和音は快，不協和音は不快と感じられます。その結果，旁辺縁系の変化は不協和の程度や主観感情評価と関連しま

したが，メロディの処理領域（上側頭皮質や前頭皮質）とは異なることが分かりました。このことから，音楽の認知（メロディの処理）と感情（快不快）では，脳の活性化領域が異なっていることが示唆されました。脳の活動については現在も多くの研究が行われていますが，音楽と感情の関係については，研究ごとに視点や刺激や課題が異なっていることもあり，まだまだ体系化されるところまでに至っていません。今後のさらなる研究が期待されます。

5. おわりに

　音楽と感情の関係については，多くのことが分かってきましたが，まだまだ考えるべきことや課題とすべきことはたくさん残っています。たとえば，そもそもどうして音楽を聴いて感情体験が生じるかについても，ジュスリンのBRECVEMAモデル（Juslin, 2016）をはじめ，いくつか概念的なモデルは提案されているものの，具体的な部分については謎のままです。また，音楽を聴いて生じる感情と日常的な感情は，呼び名も働きも近いものもあれば，呼び名は同じでも働きは違うように思われるものもあります。基本感情などでは説明できないような，たとえば鳥肌が立つような感じや，心を揺さぶるような感動，切なさや懐かしさといったものも，音楽と結びついています。ガブリエルソン（Gabrielsson, 2001）は，音楽を聴いて生じる強い感情体験をSEM(strong experiences of music)と名づけて，詳細な分類を行っています。

　さらに，音楽によって生まれた感情と，音楽以外の出来事に関する認知や行動，他者との社会的関係への影響や，それらの結果として生じる生活の質（QOL）に及ぼす影響を考えることも大切です。たとえば，音楽を聴いてリラックスすることで落ち着いて勉強や仕事に取り組む，不安を和らげて抑うつ的な思考を減らす，同じ高揚気分を共有して一体感を高めるなどは，しばしば音楽の感情的な機能として取り上げられますが，科学的な根拠は十分とはいえません。ふだん接することが多い音楽だからこそ，当たり前だと思っていることが，実は当たり前ではないかもしれない，ということに気がついてほしいのです。

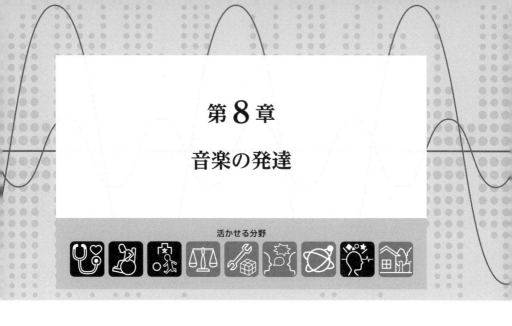

第8章

音楽の発達

活かせる分野

　私たちは，日常的に当たり前のように音楽を聴いて，理解し，共感
し，記憶し，あるいはまた，歌ったり演奏したりします。専門的な音
楽教育を受けていない多くの人が，正確さや上手下手はともかく，い
つの間にかそうしたことができるようになっています。では，いつ，
どのようにして，音楽に関わるさまざまな機能を獲得しているので
しょうか。小さい乳児でも，音楽に対して何らかの反応をしているよ
うにみえますが，それは本当に「音楽的に」反応しているのか，その
ようにみえるだけなのでしょうか。大まかには，乳児でも旋律やリズ
ムの違いは分かる（弁別できる）のですが，特定の旋律やリズムを好
んだり嫌ったりするようになるのはいつ頃からでしょうか。幼児にな
ると自分で歌うこともできるようになりますが，初めのうちは音程も
平板ですし，不正確です。何歳くらいで，「ほぼ」正確に歌えるよう
になり，また，感情を込めることもできるようになるのでしょうか。
そして，より高度に，音楽の形式や構造を理解して，さらに，楽曲の
意味を理解したりそれに共感したりするようになるのでしょうか。本
章では，気がつかないうちに誰もが通過してきている，そうした人間
の音楽発達の様相について，わずかではありますが光を当ててみたい
と思います。

135

1節　音楽の発達研究に関する基本

　本節では，音楽の発達研究に関する基本として，音楽の次元と音楽の知覚や認知との関係，一般的な発達理論と音楽発達の理論，青年や成人を対象とする研究とは異なる乳幼児を対象とした音楽心理学実験の方法について紹介していきます。

1. 音楽の次元と音楽の知覚や認知

　梅本（1999）は，起承転結や主題と発展といった音楽の構造が分かるということが，より高い意味次元で音楽を理解するためには欠かせないし，それは「子どもにとって音楽とはどんな意味をもっているか」を考えるうえでも重要な視点である，と述べています。子どもと音楽というと，どうしても音楽の感情的な性質や音楽を通したやりとりに注目したくなるでしょうが，心地よい，楽しい，気持ちが伝わるかどうかだけでなく，対象としての音楽を認知的に理解するメカニズムとその発達を明らかにすることも大切です。

　研究者によって内容はやや異なりますが，音楽には複数の次元を考えることができます。たとえば梅本（1999）は，音響としての音楽，知覚対象としての音楽，構造をもつものとしての音楽，意味や内容をもつものとしての音楽の，4つの次元を提唱しました（表8-1）。それら全てが音楽的認知の対象であり，また，全ての次元を認知することで，完全な音楽的認知が行われるといえます。

▼表8-1　音楽の4つの次元（梅本, 1999 を参考に作成）

次元	知覚・認知の対象と処理の内容
音響の次元	音の高さ，大きさ，音色，長さといった感覚に基づき，単一の音の弁別や同定を行う
知覚の次元	パターンをもつ音列や複数の音が同時に鳴る音のまとまりを対象として，旋律・リズム・和音のパターンや類似性などを知覚し記憶する
構造の次元	主題と発展について類似性と関係性を認知して分析することで，楽句や楽節の構造を理解する
意味・内容の次元	曲全体を対象として，テーマ，筋書，思想を認知し，共感的に理解する

乳幼児の場合には，音響の次元と知覚の次元での発達が中心になるでしょう。児童になれば，それらのさらなる進歩と，構造の理解ができるかどうかが課題になります。

　セラフィン（Serafine, 1988）は，音楽を単なる音響刺激としてみたり，音楽能力の測定やコミュニケーション的側面のみをみたりするのではなく，同時性や継時性の次元で構造化されたものとして音楽をとらえ，それらの認知がどのように発達するかをみていく必要があると述べています。そして，5歳児から11歳までの子どもと成人を対象にして，継時性の次元の理解（フレージング，パターニング，旋律動機のつなぎ合わせ，イディオムによる構成），同時性の次元の理解（構成要素の抽象，旋律動機の統合，音色の統合），非時間性の次元（終止の理解，変形，動機・リズム・階層構造の抽象）について，多数の実験を行いました。その結果，旋律動機の類似性，差異，終止，分節といった，主題と発展という音楽理解の基本になる認知が，8歳から10歳の間に大きく発達することが分かりました。また，それらは低年齢の子どもでも全くできていないわけではないことが示されました。

　音楽は時間芸術としての性質を強くもっています。ですから，旋律やリズムという時系列的パターンの群化と，それに基づく楽曲構造の認知が重要なのは当然といえば当然です。たとえば阿部（1987）は，先行研究から幼児の歌唱が①歌詞に時間的な長短をつけて歌える，②音高の高低をつけて歌える，③音程も正しく歌える，という3段階で発達するとして，旋律におけるリズム，旋律線，調性の3つの側面に注目しました。そして，旋律処理におけるリズム的体制化，旋律線的体制化，調性的体制化の3つの働きを明らかにし，それらが互いに関連しながら機能すると述べています。

　また，水野（2011）は，幼児の音楽理解は音の線条的系列を区切ったり，まとまりを見つけたりして，そこに何らかの意味づけをして理解しようとすることであると考えました。そして，音楽の継時的性質の重要性（Pouthas, 1996）を強調し，阿部（1987）の3つの体制化が幼児でどのように発達するかを研究することが音楽教育実践の理論的な枠組みや体系を明確にするうえで必要であると述べています。

　ところでアイエロ（Aiello, 1994）は，音楽には，旋律とリズムという水平の次元と，和声という垂直の次元に加え，深度の次元として

強弱，音色，管弦楽法，解釈などの組み合わせを含むものがあると考えました。現実場面で音楽を聴く際は，聴き手はそれらを自由に選択し，それを総合して音楽を聴きます。しかし，多くの心理学実験では，いずれかの特性にのみ注目して刺激がつくられており，そのような「音楽的刺激」は，ある意味で音楽性を犠牲にしていると指摘しています。このことは，音楽心理学実験を計画する際や，結果を考察する際に，考慮する必要があるでしょう。縦と横と奥行きという3つの次元はいずれも大切であり，最終的には，それらの各々の役割だけではなく，相互にどのように関わり合って音楽が総合的に理解されるのかを明らかにしたいものです。

2. さまざまな発達理論と音楽的発達

　一般的に子どもの発達を考える場合には，①大人と同じことがいつ頃どのようにできるようになるか，②それぞれの年齢や発達段階に特有の働きと他の機能との関連や発展，③それらが子どもにとってどのような意味をもつのか，といった視点があります。音楽における発達の場合も同様です。たとえば，旋律やリズムの弁別や体制化など，大人を対象とした研究で分かっていることが，子どもでは何歳くらいでできるようになるのかという研究もあれば，言葉を使えない乳児における前言語的あるいは感情的コミュニケーションとしての音楽的な表現や受容の仕方やその効果に注目する研究もあります。

　発達理論的には，認知発達理論を唱えたジャン・ピアジェ（Piaget, J.）による保存の概念を音楽にも当てはめる考え方があります。たとえば，音楽には主題と発展というものがありますが，これはもとになる主題が旋律やリズムや和声の変形によって展開していくものです。主題のプロトタイプ（原型）が記憶されて，それが変形していることが分からなければ，聴き手は違った旋律やリズムのパターンが次々と出てくるだけだと感じます。一般的な数や量の保存概念は，内容によって時期が異なりますが，具体的操作段階で確立していくものです。では，旋律やリズムが「保存」されるのは，何歳頃からなのでしょうか。ハーグリーヴズ（Hargreaves, 1986）は，多くの先行研究（Zimmermann & Sechrest, 1970; Webster & Zimmermann, 1983; Serafine, 1979; 1980 など）を概観し，音の型の保存はリズム型より

早く現れ，また，楽器・テンポ・和声の変化は，旋法・輪郭・リズムの変化よりも早く認知されますが，それらは旋律の再認記憶の問題であるとしています。

　調節と同化という観点から音楽発達をとらえようとした研究もあります。たとえばエルマー（Elmer, 1994）は，4，6，8歳児に絵本を見せながら7曲の歌を覚えさせました。音楽活動の豊富な子どもは旋律を中心に，音楽活動の乏しい子どもは歌詞を中心に覚えたことから，音楽経験の豊富な子どもほど柔軟に新しい状況を音楽構造に同化することができると考えました。

　一方で，ピアジェの考え方に批判的で多重知能説を唱えたガードナー（Gardner, 1983）の流れを汲む考え方もあります。ピアジェの理論は，認知は内容とは独立して領域一般的に発達するという認知発達の一般的段階を想定するものです。これに対してガードナーは，生物学的基盤に基づいて，言語，論理・数学，空間，音楽，身体・運動，個人の6つの領域ごとに独立して知能が発達すると考えました。そして，生まれもった潜在能力を成長させるには環境が大切であるとしています。ここでは詳細は省きますが，デービッドソンはガードナーの研究プロジェクトの下で音楽的能力の発達を詳細に記録し，歌唱における旋律やリズムの獲得のプロセスを明らかにしています（Davidson,1985; 1994）。

　音楽教育的な立場からは，スワンウィックとティルマンによる，創作的な音楽発達のらせんモデルがあります（Swanwick & Tillman,1986; Swanwick,1988; 1991）。音楽発達のらせんモデルは，子どもの短い即興から長い曲までの700曲以上の歌唱録音を分析し，ピアジェの同化と調節の考えを取り入れてつくられました。素材，表現，形式，価値の4つのレベルそれぞれにおいて，感覚的から操作的へ，個人的表現性から楽譜の日常的語法へ，思索的から音楽の慣用的語法へ，象徴的から体系的へと，順次個人から社会的共有の方向に8つのモードを累積しながら，らせん状に発達していくというものです（図8-1）。

　また，シューベルトとマクファーソン（Schubert & McPherson, 2006）は，音楽と感情の知覚の発達について，音楽における感情知覚能力の獲得における優勢なプロセスをらせん状に表現しました。左

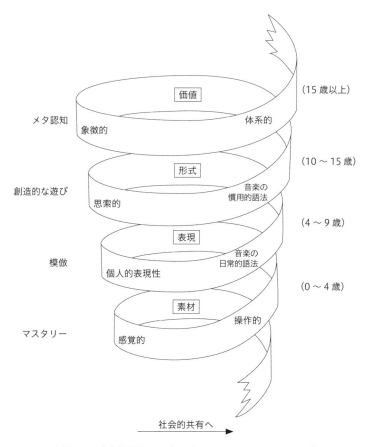

▲図 8-1　音楽的発達のらせん（Swanwick & Tillman, 1986）

側が現実対応的連結が優勢，右側がスキーマ的連結が優勢となってい
て，下から以前のものに積み上がる形で，生後から優勢な方法はスキー
マ的連結→3歳からは感情と音楽の間の現実対応的連結→7歳から
青年期の初めまでは再びスキーマ的プロセスが優勢→以後はまた現実
対応的連結と進みます。

　シュター゠ダイソンとガブリエル（Shuter-Dyson & Gabriel,
1981）は，年齢に応じた音楽発達を，表 8-2 のようにシンプルにま
とめました。

　生物学的な意味も含めて音楽をとらえていこうという考えもありま

140

▼表 8-2　音楽の発達段階 (Shuter-Dyson & Gabriel, 1981)

年齢	内容
0-1 歳	音に対して反応
1-2 歳	自発的に音楽を作る
2-3 歳	聴いた歌のフレーズを再生
3-4 歳	旋律の一般的プランを考える、(絶対音感の発達)
4-5 歳	高音域の弁別、単純なリズムを聴いて打つ
5-6 歳	音の強弱の理解、簡単なリズムパターンの同異弁別
6-7 歳	調子を外さず歌う、調性音楽の理解
7-8 歳	協和・不協和の理解
8-9 歳	リズム反応課題での進歩
9-10 歳	リズム知覚や旋律記憶の進歩、2 声部旋律の理解、終止形感覚
10-11 歳	和声感覚の形成、音楽の細部をある程度理解・鑑賞が可能に
12-17 歳	認知的・感情的な鑑賞力の増加

　す。音楽と言語の発達は別々の分野で研究されてきましたが，生物学的基盤による初期の音楽性と言語・思考・文化とが強く関連していて，そこでは親や養育者との関わりも重要な役割を果たしているともいわれています (Papoušek,1994; 1996)。たとえば正高 (Masataka, 2006) は，生後 2 日の聴覚の正常な新生児にモーツァルトのメヌエットと不協和音程を多く含んだ編曲を聞かせて反応を調べました。その結果，耳の聞こえない両親から生まれた子も耳の聞こえる親から生まれた子も，同じように協和音への選好を示し，その差に違いはみられませんでした。このことから，生まれたときから協和音に対する好みはあって，生まれる前後の特定の音経験には依存しないということが分かりました。他の研究でも同様の結果が得られていて，協和音の好みは生物学的基盤に基づいていると考えられています。たとえば，生まれたときからもっている協和音に対する好みは，非言語から言語的コミュニケーションへと進む際の足がかりになったり，幼い頃の音楽的な好みとも関連したりすると考えられます。トレイナーら(Trainor et al., 2002) は，協和音の知覚は，幼児が置かれる音楽環境の中でピッチ構造を学んでいくきっかけになると示唆しています。
　このほかにも音楽発達に関連する理論はありますが，今のところは，

特定の発達理論に依拠して個人の音楽発達を検証するというよりも，どのくらいの年齢でどのような音楽の知覚や認知が可能か，音楽的コミュニケーションが成立するかなどに関して，実験や子ども自身による歌唱や演奏の表現を分析することで知見を積み重ねている段階であると思われます。音の高さや大きさの違いなどの知覚的弁別から，音楽のパターンの認知や構造の認知的理解や感情表現の受容が発達する際に，音楽以外の能力がどのように関連するのでしょうか。音楽独自の発達というものはあるのでしょうか。また，実験の場と，子どもたちの実際の生活の中とでは，さまざまな音楽の知覚や認知の能力の発現は同じなのでしょうか。まだまだ未知のことがたくさんあるのです。

3. 音楽発達研究における測定方法

　音楽の知覚や認知に関する多くの実験では，数音から数小節程度の旋律やリズムを実験刺激としてきました。そして，標準刺激音列と比較刺激音列を続けて出す継時的呈示を行って，同異判断や類似度判断をさせたり，再生や再認をさせたり，それらの反応時間を測定したりしてきました。また，楽曲の音楽的印象や感情的印象，音楽によって生じる感情体験などについては，しばしば小品あるいは大曲の抜粋といった数十秒から数分程度の長さをもつ音楽作品やその抜粋を刺激として，SD 法や単極評定法などによる尺度評定（岩下, 1972; 川原・野波, 1977; Asmus, 1985; 谷口, 1995; 1998; Zentner et al., 2008; Zentner & Eerola, 2009）や，複数の形容語から適したものを選択するチェックリスト法（Hevner,1936; 1937; Farnsworth, 1954）などを用いた主観的測定が行われてきました。最近では，感情次元の考え方を利用して，マウスやタッチパネル，スライダなどをインターフェースとして利用して，好ましさや覚醒度など 1 ないし 2 次元の感情次元による連続測定も行われています（Egermann et al., 2009; Nagel et al., 2007; Schubert,1999; 2001; 2004; 2010）。また，音楽的刺激を聴取する際の f-MRI や PET などを使用する脳機能研究も行われています（Peretz & Zatorre, 2003; Overy et al., 2012）。

　しかし，特に乳幼児では，言葉での実験説明や，言葉で反応する方法，高次の認知的な判断が必要な方法，機器操作が必要な方法などを

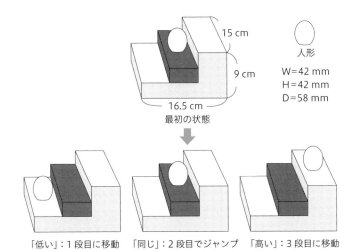

15 cm

人形
W=42 mm
H=42 mm
D=58 mm

9 cm

16.5 cm

最初の状態

「低い」：1段目に移動　　「同じ」：2段目でジャンプ　　「高い」：3段目に移動

▲図 8-2　幼児の音高弁別課題で使用した回答装置および回答方法（北村ら，2019）

各試行の開始時に，人形は階段の2段目に配置されており，音高変化に合わせた3通りの動かし方を教示した

使うことはできません。児童期の初期でも同様に，難しい言葉や操作を使うのは避けたいところです。

　乳児の音楽行動を研究する場合は，教示（実験の説明）すらできませんので，しばしば馴化－脱馴化（habituation - dishabituation）を応用したものが利用されています。一方，幼児や児童に対しては，言葉による教示はある程度可能ですし，違いが分かったら手を叩く，ボタンを押す，などの単純な反応なら可能です。ユニークなものでは，階段上で人形の位置を上下させて，幼児の音高弁別力を調べた研究もあります（北村ら，2019，図 8-2）。感情の種類などを言葉で答えさせるのも難しいため，表情画（岩口，2011; Kastner & Crowder, 1990; Kratus, 1993; Trehub, 1993; 山崎，1997）や表情写真（Nawrot, 2003）を選択させる研究もあります。以下では，乳児の音の知覚研究でよく用いられてきた，馴化－脱馴化と選好注視を用いた方法を簡単に紹介します。

　馴化とは，同じ刺激が繰り返し呈示されるとそれに対する反応が低下していくことで，これに対して，脱馴化は，それまでと異なる新規な刺激が与えられると再び反応が喚起されることです。乳幼児に対し

て，一定の単音，和音，旋律，リズムなどを繰り返し呈示して馴化させた後，それと異なる刺激を与えて生理的指標や注視行動などで脱馴化が生じれば，それらの刺激は弁別（区別）されているとみなすことができます。馴化－脱馴化の中にもさまざまな測定方法がありますが，行動的な方法として選好注視法があり，乳児が新規刺激を注視する時間や頻度を指標として用います。

　トレハブら（Trehub et al, 1984）をはじめ，乳児の音楽行動研究では，しばしば馴化－脱馴化の実験が行われています。たとえば，乳児の正面ではない位置（前方45度など）にスピーカを置いて，標準刺激で馴化させた後に，比較刺激が呈示されたときに脱馴化が生じて音源位置を注視する回数や時間を指標とするのです。また，ケムラー＝ネルソンら（Kemler Nelson et al., 1995）は，注視対象と音源を子どもの前方左右に2つ置いて，振り向いて注視する時間を指標としています。二藤ら（2000），二藤（2004）はこの方法を用いて，旋律の原型と変形について乳児の選好注視時間を比較しています。

　新生児や乳児に対する実験では，時間や回数をもとに新規刺激に対する興味や注意が喚起されているかどうか，それによって，操作した性質に関して刺激が弁別されているかどうかを推定するしかありません。刺激の違いを弁別していることと，その刺激をどのように受け止めているかとは，別の話です。ある協和音に注意を向けたからといって，その音を好んでいるとは限りません。結果を解釈する際には，そのことに気をつける必要があります。

2節　音楽の知覚と認知や音楽における感情の発達

　本節では，旋律とリズムという基本的な音楽的知覚の発達研究と，音楽における感情に関わる発達研究を取り上げます。基本的な旋律やリズムの知覚は，さまざまな構造や特性をもつ音楽を認知的に理解して，最終的に音楽的な意味を理解し美的体験に至るための基礎となるものです。まだ特定の音楽的文化の影響を受けていない新生児や乳児，影響が比較的小さい幼児では，人間の普遍的な音楽知覚や認知の基本特性を知ることにもつながります。

1. 音高や旋律の知覚の発達

　音楽の専門的な訓練を受けていない一般の人は，旋律を認知するときには，音高の上下に基づく旋律輪郭線を手がかりにしています。これを旋律線的体制化と呼びますが，乳児ではどうなのでしょうか。音列の弁別はできるとしても，輪郭ではなく一部の音程に反応している可能性もあります。そこで，乳児の旋律知覚を詳しく検討するため，トレハブらは馴化－脱馴化法を用い，単なる音列弁別にならないように音程を変える位置をずらしたり，輪郭の上下は維持しながら1音だけ極端に変えたりして，刺激構成を工夫して，いくつかの実験を行いました。その結果，乳児でも旋律の輪郭を知覚して旋律を区別していること，輪郭が極端に強調されると違う旋律として知覚していること，長調と短調も区別されていることなどが明らかになりました (Chang & Trehub,1977; Cohen et al., 1987; Trehub et al., 1984; 1985; 1987)。

　また，二藤ら（2000）は，日常的に養育者から聴かされている音楽への選好を乳児がどのように形成していくかについて，長調と短調の童謡を用いて検討しました。5，8，11，14ヵ月の乳児各16名に対して，長調の童謡6曲とそれらの短調への変型6曲の旋律を聴かせて，選好振り向き法による聴取反応を測定しました。その結果，5, 8, 11ヵ月児では一貫した聴取反応はありませんでしたが，14ヵ月児では原型の長調に対する有意な選好が認められました。また，8ヵ月と11ヵ月児では，聴取経験と選好との間に正の相関がみられました。これらのことから，乳児は0歳後期から徐々に音楽の聴取経験の影響を受け，1歳前期には原型の長調への選好が形成されていくと考えられます。

　トレハブら (Trehub et al., 2008) は，知っているテレビ番組のテーマ曲を，音高レベルでどのように記憶しているかについて，年齢や文化との関係を検討しました。カナダの5歳から10歳までの子ども90名と，日本の5歳児と6歳児60名を対象にして実験を行い，5歳児と6歳児については日本とカナダの間での比較も行いました。その結果，カナダの9歳児と10歳児は，半音1つ分音高をずらしたものとオリジナルを区別することができましたが，8歳児以下では区別

できませんでした。また，日本の5歳児と6歳児は同年代のカナダの子どもよりもよく曲を弁別することができ，6歳児のほうが5歳児よりもよい成績でした。日本とカナダの子どもの違いについて，トレハブは，英語が強弱アクセントなのに対して日本語が高低アクセントであることが影響しているのではないかと考察しています。このことは，幼児期における旋律認知の発達が，言語文化の影響を受けている可能性を示唆しています。

2. リズムの知覚的発達

　前項では，乳児でも旋律の音高的な側面を知覚して弁別できることを紹介しましたが，時間的な側面であるリズムではどうなのでしょうか。トレハブとソープ (Trehub & Thorpe, 1989) は，馴化－脱馴化法を使って，7～9ヵ月児80名にリズムや音高を変化させた3音や4音の音列を弁別させる実験を行いました。その結果，リズムを変えた音列のほうが，音高のみを変えてリズムを変えなかった音列よりも脱馴化が起こりやすいことが分かりました。また，トレハブら (Trehub et al., 1995) は，音の長さのより微少な違いについて，6.5ヵ月，12ヵ月，5歳の子ども（および21歳の成人）を対象にして，8 ms，12 ms など微少な無音間隔を挟んで鳴らした2つの500 Hzの音と，同じ時間だけ鳴っている1音を聞かせて，違いが分かるかどうかを比べました。その結果，6.5ヵ月で12 ms の隙間を聞き分け，12ヵ月では8 ms でも聞き分けていることが分かりました。

　三谷・中田 (2004) では，6～8ヵ月児17名と9～11ヵ月児15名を対象に，拍間隔が一定の規則的テンポと，それが変動する不規則テンポを呈示して，選好注視法によって反応の違いを比べました。音が流れている間に点滅している画面を注視する時間を測定し，前半試行と後半試行の5試行ずつを比較しました。その結果，6～8ヵ月児は後半で不規則テンポよりも規則テンポに高い関心を示しましたが，9～11ヵ月児は後半にかけて関心が低下したもののテンポの規則性による違いはみられませんでした。このことから，テンポの規則性は，6～8ヵ月児にとって重要な特性であると考えられます。

　幼児期以降の子どもの旋律やリズム，音楽的なストーリーなどについては，絵画で表現させることで，知覚実験から分かることとは別の

様相をみることができます（安達, 2006; Bamberger, 1991; 1994; Barrett, 2005; Davidson & Colley,1987; Davidson & Scripp,1988）。数量的ではなくやや記述的な分析にはなりますが，子どもが音楽をどのように認知しているのかを知るうえで有効な方法です。たとえば，バンバーガー（Bamberger, 1991）が子どもたちにクラスメイトがつくった手拍子のリズムを描かせたところ，2種類の表現が得られました。1つはリズム的なフレージングによって描かれた「図形的」な表現で，もう1つは手拍子の長さが楽譜と同じように時間的に区別されて描かれた「拍節的」な楽譜でした。音楽的な訓練を受けた者はどちらも知覚するのに対して，そうでない小さな子どもたちは図形的なものだけを知覚することも分かりました。ところで，音楽の絵画表現は，必ずしも子どもの音楽認知を調べるためだけではなく，青年や成人に対しても有用です。筆者も大学生に対してある曲を絵で表現させたことがありますが，休符などを無視して出た音だけをとらえて絵画表現する者と，楽譜と同様に拍節に沿った形で表現する者がおり，大変興味深いものでした。

3. 歌唱や演奏における感情の伝達と認知

　これまで繰り返し述べてきたように，音楽の知覚や認知の特徴を研究することは，人間の音楽行動を理解するうえでとても重要です。しかし，音楽には，非言語的コミュニケーションとしての側面や，感情の表出や受容という情緒的な側面があることも確かです。ここでは，音楽におけるコミュニケーション的側面の発達として，乳幼児の歌唱や演奏における感情の表現や認知の発達についての研究を主としてみていきます。あわせて，1980年代にスロボダやガブリエルソンなどが改めて取り上げ，現在ではジュスリンなどが牽引する「音楽と感情」に関する研究もまた，音楽心理学の中では古くて新しいトピックであり，社会的な関心も高いです。音楽心理学全体における「音楽と感情」研究の概要を述べるとともに，子どもにおいて，演奏された楽曲が表現する感情的な性質の認知がどのように獲得されるのかについてもまとめていきます。

　乳児ではまだ感情があまり分化していないので，感情内容の知覚というよりは，言葉での語りかけとの比較として，乳児への歌いかけに

注目してみましょう。たとえば，中田とトレハブ（Nakata & Trehub, 2004）は，5.5〜6.5ヵ月の健康な乳児43名に対して，自分の母親が語りかける場面（対乳児発話）か，歌いかける場面（対乳児歌唱）のいずれかの録画映像と音声を，4分間，モニターで再生しました。乳児のモニターに対する注視時間を比較してみると，いずれも乳児の関心を引くものの，対乳児発話よりも対乳児歌唱のほうがより強い関心を引くことが示されました。乳児に対して語りかけることはもちろん大切ですが，同じかそれ以上に，歌いかけることも意味があることが分かります。

　それでは次に，幼児を中心にして，歌唱や演奏における感情の伝達と認知についてみていくことにしましょう。

　安達とトレハブ（Adachi & Trehub, 1998）は，歌唱に現れる子どもの感情表現をみるために，4〜12歳のカナダ人の子ども160人に，聴き手が楽しくあるいは悲しくなるように「きらきら星」や「ABCの歌」を歌わせました。それらを分析したところ，年齢や歌唱力にかかわらず，楽しさを表現するように歌うときには笑顔が多く現れ，テンポが速く，音域も高くなる傾向がありました。その一方で，悲しみを表現して歌うときには，顔をしかめたりうつむいて歌ったり，音程が下がりがちだったりしました。

　さらに，安達とトレハブ（Adachi & Trehub, 2000）では，上記の研究で収録した子どもの歌を，歌い手と同年齢の児童と成人に「視覚情報のみ」と「聴覚情報のみ」の条件で聴かせて，感情の読み取りをさせました。8〜10歳児の歌では，成人も同年齢の児童も，歌から意図された感情を読み取ることができました。6〜7歳児の歌では，同年齢の児童は成人よりも感情の読み取りがよくなく，成人でも6〜7歳児の歌の感情表現は8〜10歳児のものよりも読み取りがよくありませんでした。8〜10歳児の歌を6〜7歳児に聴かせた場合は，同年齢の場合ほど感情を読み取ることができませんでした。これらのことから，6〜7歳児でも，楽しいや悲しいといった感情を込めて歌い分けたり，聴き分けたりすることはある程度できることが分かりましたが，8〜10歳児には劣ることも明らかになりました。

　歌唱以外の音楽演奏における感情の伝達についてはどうでしょうか。大浦・中西（2000）は，専門家によって楽しい，悲しい，怒ったの

3つの感情を込めて演奏されたピアノ曲を，4〜5歳の幼稚園児32名，小学3年生76名，6年生80名，大学生30名に聴かせ，どの感情に当てはまるかを答えさせて，演奏における感情の同定がどのように発達するかを検討しました。その結果，幼稚園児ですでに長調と楽しさが結びつき，小学校3年生で短調と悲しさが結びついて認知されることが示されました。また，全体として感情の同定は年齢が上がるほど向上すること，長調における楽しさの認知が高いことなども示されました。

　また，山崎（2006）は，幼稚園の年中児と年長児それぞれ10名に，楽しい，悲しい，怒ったのそれぞれの気持ちになるように，タンバリンを叩かせて演奏を記録しました。演奏を分析したところ，怒った演奏は楽しい演奏や悲しい演奏よりも音量が大きい・演奏時間が短い・音数が少ない，悲しい演奏よりも打間時間が短いなど，複数の指標で感情による差がみられました。また，これらの演奏を大学生に聴かせ，演奏の感情的意図を判断させたところ，どの感情でも正答率は偶然の確率以上でした。これらのことから，5〜6歳の幼児でも即興による打楽演奏に感情的意図を込めて弾き分けることが可能であること，また，演奏に込められた感情的意図が聴き手である大人にもかなり伝わることが分かりました。

　歌唱や演奏における感情表現や感情認知に関する多くの研究を合わせてみると，およそ5歳前後の段階で，演奏の中の感情表現の認知や，演奏での感情表現の表出が可能になっていることが明らかです。ただし，それらは年齢とともに向上するものの，児童期の中期と後期の間にはギャップがみられる場合と差がない場合とがあり，課題や刺激，あるいは感情の種類などによって様相は異なるとも考えられます。また，子どもにとっての音楽や音楽的な行動は，確かにコミュニケーション的な側面をもっていますが，子ども自身はコミュニケーションのためという目的を自覚的にもっているのではなく，そのような活動そのものを楽しんでいる面があるということも忘れてはならないことでしょう。

第9章

音楽とアイデンティティ

活かせる分野

　私たちのふだんの生活はたくさんの音に溢れ，また，テレビやインターネットなどさまざまな媒体を使用して音楽を聴く機会があります。音楽は日常生活と深く関わり，自分自身の生活の一部となっていたり，自分自身の中で非常に重要なものとなっていたりすることもあります。私たちはなぜ音楽を好んで聴き，音楽を重要に感じるのかを，主に若い人々を対象にしたさまざまな研究例をもとに考えていきたいと思います。

1節　若者と音楽

　現代の日本の社会では，携帯型音楽プレーヤやスマートフォンの普及により，屋内で音楽を聴くだけではなく，屋外でも移動中でも音楽を聴くことが可能になり，多くの人が手軽に音楽を楽しむことができるようになっています。多くの人はどのように音楽を実際聴いているのでしょうか。

　大学生を対象とした濱村と岩宮（2013）の調査では，回答した人の 97 パーセントが何らかの携帯型音楽プレーヤを所有しており，5 年以上使用している人が 4 分の 3 程度の割合を占めていました。また，携帯型音楽プレーヤを使用する場面は，「移動中」が最も多く，次い

で「仕事・作業中」が多く選ばれていました。使用理由としては，「気分転換」，「時間つぶし」という回答が多くみられましたが，「周囲のうるささを緩和するため」といった周囲の音を遮断する理由も上位に選択されていました。1日あたりの使用時間は2時間未満という回答が半数以上でしたが，5時間以上といった回答も13パーセントでみられました。また，同じく大学生を対象とした谷口（2005; 2006）の調査では，音楽を聴く場面としては，「暇なときなど」，「くつろいでいるとき」，「運転中」，「勉強・作業中」，「聴きたくなったとき」が多く，目的としては，「高揚・元気になるため」，「リラックスするため」，「暇つぶし」，「気分転換」，「演奏のため」といったものが多く選ばれていました。また，音楽を聴く状況については，「移動中に携帯用プレーヤで聴く」や「家でコンポなどで聴く」，「カーステレオで運転中に聴く」が多いようでした。大学生を対象にした別の調査でも（安達・吉本，2009），音楽を自分で選んで聴いているときの状況は，「移動中」，「勉強中（勉強 or 書き物をしている）」，「良い気分」といった回答が多く得られ，聴く音楽は「J-POP」，「ポップス／ロック」，「クラシック」が順に多く選ばれていました。この調査では，文脈に応じて聴く音楽を選択していることも明らかにされています。たとえば，「J-POP」は「移動中」や「勉強中」，「休息中」などの場面や覚醒度が低い場面（「朝の目覚め」や「静か・寂しい」など）や覚醒度が高い場面（「良い気分」，「外出の準備」）など広範囲な状況で聴かれていました。「ポップス／ロック」は「移動中」や「眠るところ」の場面で，「クラシック」や「歌詞なし」の音楽は「勉強中」や覚醒度が低い場面で聴かれていました。つまり，文脈のもっている目的によって聴く音楽が異なると解釈できます。

　調査時点と現在とではやや異なる部分があるかも分かりませんが，このような調査結果から，少なくとも日本の若者の多くは，家やそれ以外の多くの場所で音楽を聴いていて，退屈なとき，移動している最中，勉強中など，時間のあるときや何か他の物事に集中するときに自ら音楽を聴くほかに，リラックスしたり，気分を盛り上げたりするため気分転換に音楽を聴いていることが多いと考えられます。また，聴いている音楽は，J-POP のほか，ロックやポップスもそれなりに多く，文脈に応じて聴いているといえます。

もう少し低い年齢になりますが，13歳から14歳を対象に実施したイギリスの調査では（North et al., 2000），86.4パーセントの回答者が頻繁に音楽を聴いており，60パーセントが，多くの場合はふだん1人で音楽を聴いていることが報告されています。また，ポップスやダンスミュージックを特に好んでおり，クラシックよりも，「音楽を楽しむため」，「退屈を紛らわせるため」，「流行を追いたいため（格好良くなりたいため）」といった理由でポップスを聴くと考えているということも示されています。同じ調査では，17.8パーセントが調査時に楽器を演奏し，51.7パーセントが過去に演奏していたと回答していました。ポップスを演奏する理由についても，クラシックよりも，「音楽を楽しむため」，「想像力を豊かにするため」，「退屈を紛らわせるため」，「流行を追いたいため（格好良くなりたいため）」と考えられているようです。このようなことから，特にポップスを聴いたり演奏したりすることは，音楽そのものを好んだり気分転換したりするという目的だけでなく，音楽を通じて自分自身を他者に表現するという背景もあるといえます。さらなる分析によって，音楽を聴くことについては，「他者に対する印象を創造すること」，「感情的欲求を満たすこと」，「楽しむこと」といった潜在的な要素（因子）が示され，演奏することについては，「感情的欲求を満たすこと」，「他者に対する印象を創造すること」，「他者を喜ばせること」，「美的な動機づけ」といった要素（因子）が示されています。この調査では，音楽を聴いたり演奏したりすることは，感情的な欲求を満たすためだけではなく，他者に対して自分自身の印象を示すために重要であることが結論づけられています。したがって，特に若者にとって音楽は，1人で楽しんで聴くことが多いものであり，個人の気分・感情に影響するものではありますが，他者との社会的関係性において重要な役割をもっている部分があると考えられます。

2節　若者はなぜ音楽を好むのか

1. 音楽と自伝的記憶

　若者に限りませんが，音楽は生命の維持に必ずしも必要ないものであるにもかかわらず，なぜ多くの人は音楽を好んで聴くのでしょうか。

上述の調査結果からも，音楽は不快感を和らげたり，退屈な気分を紛らわせたりといった，気分を調整するという働きがあります。また，勉強や仕事，さまざまな活動への意欲や集中力を高める働きや行動を促進する作用もあると考えられます。このような音楽の効果は，職場や自宅以外にも商業施設などさまざまな場面で活用されており，日常的に音楽を聴く多くの世代の人々が実感しているのではないでしょうか。

　しかし一方，若者は他の世代よりも特に音楽を好み，その時期の音楽が後の人生でも記憶に残りやすいことが示されています。高齢者は若い頃に聴いた音楽を，それ以降に聴いた音楽よりも好み，よく知っていて，さらに，より強い情動反応（感情反応）をもつことがこれまでの調査で明らかにされています（Schulkind et al., 1999）。また，音楽を通じた情動（感情）と記憶についての関連性も示されています。別の調査でも，15 歳から 24 歳までの期間に聴いていた音楽は，他の時期に聴いていた音楽よりも，よく思い出されることが報告されています（Platz et al., 2015）。この調査では，音楽のもつ感情価（感情的性格の強さ）にかかわらず，音楽と自伝的記憶が結びついていることも示されています。自伝的記憶とは，自分の過去についての記憶であり，これまでの生涯を振り返って思い起こす個人的経験に関する記憶であるといわれています（山本, 2015）。なお，青年期から成人期初期にかけての期間のことを，他の時期より強く思い出す現象は，レミニセンス・バンプと呼ばれています。このレミニセンス・バンプは音楽でも生じているといえます。

　日本では，上述の調査でも紹介しましたように若者の多くがJ-POPを好んでいます。NHK 放送文化研究所世論調査部（2008）によると，J-POP は 10 代後半から 50 代といった広い世代にわたって好まれており，特に 16 歳から 29 歳の世代においては，最も好まれる音楽ジャンルであることから，若者の音楽とみなされています。また，この世代のみ，「CD・MD などを聞く」という音楽を聴く行動が，余暇に行う好きな行動の上位に挙がっています。

2. 若者の音楽嗜好に関する調査結果

　若者の時期は，なぜ特に音楽を好むのでしょうか。また，なぜ特定

のミュージシャンやアイドルグループなどを支持することがあるのでしょうか。ここでは，日本の若者の音楽の嗜好とJ-POPのミュージシャンへの魅力との関連を調べた調査を紹介します（松本・小林，2008）。多くの若者が好む音楽作品やミュージシャンの外見は，流行にまでなることがあります。少し前になりますが，安室奈美恵や浜崎あゆみの人気が若者の間で非常に高まったときには，彼女らの髪型や服装，化粧などを多くの若者が真似る現象がみられました。しかし，若者の間で流行となるミュージシャンやアイドルグループへのファン心理についての調査はあまり行われてはいませんでした（中村，1994; 上野・渡辺，1994）。そこで，若者の日常生活での音楽との関わりや流行への関心，好きなミュージシャンとその魅力について，まず調べることにしました。そして，それらと特定のミュージシャンに対する魅力との関連から，J-POPのブームと若者の音楽への好みとの関連を検討しました。

　調査対象者は大学生182名（男性7名, 女性159名, 不明16名）で，平均年齢は20.20歳（18〜28歳，$SD = 1.74$）でした。質問紙を作成し，「日常生活における音楽との関わりと流行への関心」，「好きなミュージシャンとその魅力」，調査当時にメディアで話題になることが多かった倖田來未を材料に取り上げ，「倖田來未に対する認識」を尋ねました。「日常生活における音楽との関わりと流行への関心」では，音楽を聴く頻度，音楽を聴くときに利用するオーディオ機器，ライブに行く頻度，音楽を聴いていると勉強がはかどるか，音楽を聴いていないと落ち着かないと感じるか，音楽が自分だけの世界をつくってくれると感じるか，音楽は生活そのものだと感じるか，ふだんの生活に音楽が必要だと感じるか，音楽がどの程度好きか，流行に関心があるかどうかを調べました。「好きなミュージシャンとその魅力」では，好きな歌手やアーティストまたは作曲家名を上位3つと，それぞれの魅力的な点について尋ねました。「倖田來未に対する認識」では，倖田來未をどの程度知っているか，倖田來未をどの程度好きか，倖田來未に対する魅力を調べていきました。

　結果は，対象者の多くは日常的に音楽をよく聴いており（図9-1），「コンポ」，「カーステレオ」，「パソコン」，「携帯電話」で音楽を聴いていることから（図9-2），自宅だけではなく，外出先や移動中にも

▲図 9-1　音楽を聴く頻度

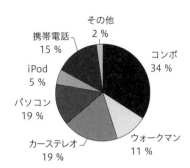

▲図 9-2　音楽を聴くときに利用するオーディオ機器

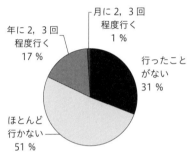

▲図 9-3　ライブに行く頻度

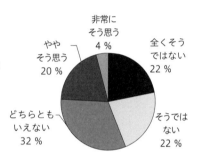

▲図 9-4　音楽を聴いていると勉強がはかどるか

音楽を聴いていることが考えられました。ライブには多くの回答者がほとんど行かないという傾向でしたが（図 9-3），回答者の多くが居住する地域の状況が影響している可能性があります。

　音楽を聴くことで勉強がはかどるかどうか，音楽を聴いていないと落ち着かないと感じるかどうか，音楽は生活そのものだと感じるかという質問に対しては，全体の 4 分の 1 程度はそう思うという回答でした（図 9-4，図 9-5，図 9-6）。音楽が自分だけの世界をつくってくれると感じるかについては，4 割程度がそう思うと答えていました（図 9-7）。ふだんの生活に音楽が必要だと感じるかは，8 割程度がそう思うと答え（図 9-8），音楽がどの程度好きかは，9 割以上が好きという答えでした（図 9-9）。また，流行へ関心がある人は，全体の 5 割程度でした（図 9-10）。全体的に，音楽が好きで生活に必要と考えて

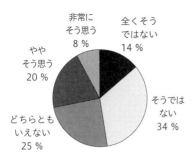

▲図 9-5　音楽を聴いていないと落ち着かないと感じるか

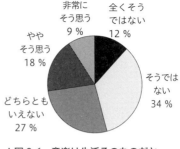

▲図 9-6　音楽は生活そのものだと感じるか

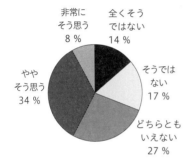

▲図 9-7　音楽が自分だけの世界をつくってくれると感じるか

▲図 9-8　ふだんの生活に音楽が必要だと感じるか

いることが分かります。また，4分の1程度の人にとっては，音楽は生活に密着した重要なものであることが考えられました。「音楽を聴くときに利用するオーディオ機器」を除いた上記の質問について，回答の関係性の強さを調べてみたところ，音楽に関する多くの質問どうしでは，統計的に意味のある関連性がみられました（表9-1）。

　これらの結果から，音楽はよく好まれ，よく聴かれ，必要とされていると考えられ，NHK放送世論調査所（1982）の報告と同様に，生活に欠かせないものとなっているといえます。さらに，年齢が高くなるにしたがって，集中した音楽の聴き方や音楽への依存が強い聴き方から，音楽に集中しない聴き方や音楽に強く依存しない聴き方へと変化する傾向も，分析を加えることによって示されています。

　好きなミュージシャンについては，回答の大半がJ-POPのミュー

▼表9-1　日常生活における音楽との関わりと流行への関心の関連

項目	音楽を聴く頻度	ライブに行く頻度	音楽を聴いていると勉強がはかどるか	音楽を聴いていないと落ち着かないと感じるか	音楽が自分だけの世界をつくってくれると感じるか	音楽は生活そのものだと感じるか	ふだんの生活に音楽が必要だと感じるか	音楽がどの程度好きか
ライブに行く頻度	.13 (182)							
音楽を聴いていると勉強がはかどるか	.23** (182)	.18* (182)						
音楽を聴いていないと落ち着かないと感じる	.44** (182)	.11 (182)	.33** (182)					
音楽が自分だけの世界をつくってくれると感じるか	.28** (182)	.06 (182)	.07 (182)	.47** (182)				
音楽は生活そのものだと感じるか	.43** (181)	.14 (181)	.19* (181)	.55** (181)	.63** (181)			
ふだんの生活に音楽が必要だと感じるか	.42** (182)	.19* (182)	.16* (182)	.42** (182)	.44** (182)	.62** (181)		
音楽がどの程度好きか	.49** (181)	.22** (181)	.08 (181)	.36** (181)	.34** (181)	.50** (180)	.54** (181)	
流行に関心があるかどうか	.19** (182)	.12 (182)	-.02 (182)	.08 (182)	.12 (182)	.19** (181)	.25** (182)	.26** (181)

（　）内は，n を示す。
**$p < .01$，*$p < .05$

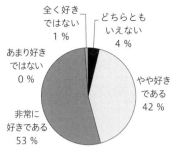

▲図 9-9 音楽がどの程度好きか

▲図 9-10 流行に関心があるかどうか

▼表 9-2 好きなミュージシャン

ミュージシャン，グループ名，人数（複数回答）			
aiko	21	オレンジレンジ	7
スキマスイッチ	18	ELLE GARDEN	6
コブクロ	16	EXILE	6
ポルノグラフィティ	15	YUI	6
Mr.Children	12	絢香	6
BUMP OF CHICKEN	10	大塚愛	6
YUKI	10	浜崎あゆみ	6
スピッツ	9	Cocco	5
Every Little Thing	8	ケツメイシ	5
HY	8	ゆず	5
RADWIMPS	7	その他	164
宇多田ヒカル	7		

ジシャンでした（表 9-2）。上位から，aiko（12.88 パーセント），ス
キマスイッチ（11.04 パーセント），コブクロ（9.82 パーセント），
ポルノグラフィティ（9.20 パーセント），Mr. Children（7.36 パー
セント），BUMP OF CHICKEN（6.13 パーセント），YUKI（6.13 パー
セント），スピッツ（5.52 パーセント）と挙がっていました。これらは，
調査時点で流行していた音楽や，回答者の多数が女性であることも影
響していると考えられます。好きなミュージシャンの魅力については，
歌詞（23.47 パーセント）や曲（21.60 パーセント）といった音楽作

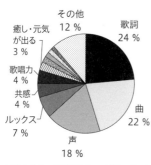

▲図 9-11　好きなミュージシャンの
　　　　　魅力

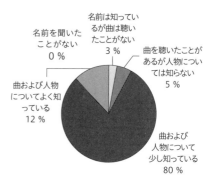

▲図 9-12　倖田來未をどの程度
　　　　　知っているか

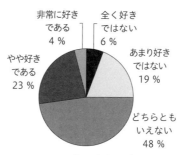

▲図 9-13　倖田來未をどの程度
　　　　　好きか

品や，ミュージシャンの声（18.31 パーセント）が挙げられていました（図 9-11）。これらの結果より，回答者の大部分は J-POP のミュージシャンを好み，彼らの音楽そのものを好んでいることが示されています。中村（1994）や上野ら（1994）のファン研究においても，音楽作品の歌詞やメロディに魅力を感じている人が多く，同じような傾向がみられました。

　倖田來未については，9 割以上の人が知っており（図 9-12），4 分の 1 程度は好きと回答していましたが，どちらともいえないという回答が最も多く示されました（図 9-13）。倖田來未に対する魅力に関しては，「癒し」（「助けられた」，「支えられた」，「救われた」，「勇気づけられた」など），「肯定感」（「スタイルがいいと思う」，「トークがいいと思う」，「おもしろいと思う」，「格好いいと思う」など），「興味」

▼表 9-3　倖田來未への好意度・魅力の程度と音楽との関わり・流行への関心の程度の関連

項目	倖田來未をどの程度知っているか	倖田來未をどの程度好きか	癒し	肯定感	興味
音楽を聴く頻度	.09 (181)	.05 (182)	.10 (176)	.04 (173)	.06 (180)
ライブに行く頻度	-.01 (181)	-.05 (182)	.08 (176)	.09 (173)	.07 (180)
音楽を聴いていると勉強がはかどるか	.02 (181)	.05 (182)	.03 (176)	.10 (173)	-.06 (180)
音楽を聴いていないと落ち着かないと感じるか	.07 (181)	.17* (182)	.20** (176)	.19* (173)	.16* (180)
音楽が自分だけの世界をつくってくれると感じるか	-.05 (181)	.07 (182)	.15* (176)	.10 (173)	.09 (180)
音楽は生活そのものだと感じるか	-.04 (180)	.12 (181)	.26** (175)	.13 (172)	.19* (179)
ふだんの生活に音楽が必要だと感じるか	.07 (181)	.21** (182)	.20** (176)	.26** (173)	.20** (180)
音楽がどの程度好きか	.05 (180)	.11 (181)	.12 (175)	.09 (172)	.16* (179)
流行に関心があるかどうか	.23** (181)	.20** (182)	.29** (176)	.26** (173)	.48** (180)
倖田來未をどの程度知っているか		.48** (181)	.19* (175)	.38** (172)	.34** (179)
倖田來未をどの程度好きか			.61** (176)	.73** (173)	.65** (180)
癒し				.59** (172)	.72** (175)
肯定感					.70** (172)

（　）内は，n を示す。
**$p < .01$, *$p < .05$

（「プライベートを知りたいと思う」，「会いたいと思う」，「新曲が聴きたいと思う」，「流行っているから聴きたい」など）といった3つの要素（因子）が分析によって表れました。これらと，前述した音楽との関わりや流行への関心の程度について，それらの関係性の強さを調べたところ（表9-3），倖田來未を知っている程度，倖田來未への好意度，「癒し」，「肯定感」，「興味」と音楽との関わりとの関連性は全体的に強くありませんでした。しかし，倖田來未を知っている程度，倖田來未への好意度，「癒し」，「肯定感」，「興味」と流行への関心の程度には統計的に意味のある関連性がみられました。つまり，流行に関心があるほど，倖田來未をよく知っており，倖田來未を好み，倖田來未から癒しを感じたり，倖田來未の外見や内面を肯定的にとらえたり，倖田來未に興味をもつ傾向が強いと考えられます。

3. 青年期における音楽の意味

　このような調査結果からも，日本の若者の多くは，日常生活において音楽をよく聴き，特にJ-POPを好むことが示されています。しかし，これまでブームのようになるミュージシャンに関しては，そのミュージシャンの音楽そのものが好まれているというよりも，若者のもつ流行への関心によってブームが支持されている可能性が考えられました。したがって，若者が音楽を好む場合，音楽そのものだけではなく，流行を追うという背景が1つにはあると推察されます。この流行を追うという点については，ノースら（North et al., 2000）が示したように，音楽を通じて他者に対する自分自身の印象をつくる(印象を管理する)ということと共通していると考えられます。

　若者は発達段階では青年期に属しています。青年期とは，日本の社会では主に中学生の初期の時期から20代後半あたりまでの時期と考えられています。この時期は，エリクソン（Erikson）によると自我同一性（アイデンティティ）の確立という課題をもつとされています。青年期はそれ以前の発達段階に比べて社会や文化の影響をより強く受けながら自己を変容していく時期であり，自分自身が1つのまとまりある存在としてとらえられるようになるというところに発達目標が掲げられています（小嶋，2006）。音楽を聴いたり，音楽を好んだりすることは個人の行動や個別の嗜好ではあっても，家庭環境や学校環境，

周囲の友人，メディアなどの社会的な背景や環境，他者との社会的関係の中で行動や嗜好は形成されていくものといえます。したがって，若者が社会の中で音楽に接し，音楽に対する自分の行動傾向や特定の嗜好を形成していくことは，個々の若者のアイデンティティの確立に大きくつながっている可能性が考えられます。

　今後もメディアの発展や社会の変化などによって，個人の音楽に対する行動や好みに大きな影響が生じることがあるでしょう。しかし，流行する音楽が時代によって変わっても，若者が音楽を好んだり，音楽に関連する活動を行ったりすることは，社会情勢の大きな変化がない限り，これからも変わらないと思えます。音楽を聴くことや音楽を好むことは，若者の自己の発達過程において1つの重要な側面である可能性があり，成長を支えるうえで音楽は若者の多くにとっては必然的なものではないかと考えられます。

付録 さらに勉強するための推薦図書

【1章】

『聴覚の文法』

中島祥好・佐々木隆之・上田和夫・G. B. レメイン（2014） コロナ社

『音響聴覚心理学』

大串健吾（2019） 誠信書房

いずれも，専門外の方にも読みやすい部分の多い参考書です。どちらについても無理に全部読もうとせずに，何となく分かるところを少しずつ増やしていけばよいと思いますが，最初の10ページくらいは，難しく思われても時間をかけて十分に理解していただく必要があります。

『Psychology: A Very Short Introduction』

Butler, G. & McManus, F. (2014) Oxford University Press.

英語で書かれていますが，内容の点では専門外の方にも分かりやすい，しかし大衆におもねってはいない心理学の入門書です。英語を読むのが大変であれば，これもまず最初の10ページだけ挑戦するのでよいと思います。

『「音響学」を学ぶ前に読む本』

坂本真一・蘆原 郁（2016） コロナ社

大学で音響心理学，音楽心理学を学ぶ際に音響学の基本的な知識が必要になりますが，これについては高校の物理だけでは不十分で，しかも大学に適切な授業が開設されているとは限りません。そのようなときにこの書物が役立ちます。高校生，大学受験生のうちに手にしてもよい本です。

【2章】

『カールソン神経科学テキスト―脳と行動―』

カールソン・A（著）／泰羅雅登・中村克樹（監訳）（2006） 丸善出版

聴覚（だけではありませんが）の行動学的側面と脳神経活動の関係に関する，必要最小限の知識を手際よくまとめています。

『The Oxford Handbook of Auditory Science, Vol. 1: The Ear』

Fuchs, P. A. (Ed.) (2010) Oxford University Press.

耳全体について書かれたハンドブックで，最新の研究成果まで含め，各分野の第一人者によって書かれています。

【3章】

『聴覚の文法』

中島祥好・佐々木隆之・上田和夫・G. B. レメイン（2014）　コロナ社

　この書物は1章に関連付けて紹介いたしましたが，ここでは付属のCDを紹介させていただきます。聴覚現象について理解するには，まずは現象そのものを体験することが一番です。本章に関係のある聴覚現象が，この付属のCDに紹介されています。

『早わかり心理物理学実験』

黒田剛士・蓮尾絵美（2013）　日本音響学会誌69巻, pp. 632-637.

　学術雑誌に掲載された解説記事ですが，インターネットから手に入ります。聴覚実験のやりかたが具体例と共に説明されています。心理学ではこのような実験をするのだということが専門外の人のために記されています。拾い読みをしておけば，大学で学ぶ実験心理学に対して心の準備ができるでしょう。大学や専門学校で心理学，特に音響心理学や音楽心理学を教えていると，学生から「ここまで理系に近いとは思っていなかった」というような感想が寄せられます。

【4章】

『音の世界の心理学（第2版）』

重野　純（2014）　ナカニシヤ出版

　題目どおりの期待に応える書物です。音に興味のある人に対して実験心理学がどのような知識を提供することができるかがよく解ります。

『次世代自動車の静音性による新しい音デザイン課題の展望』

山内勝也（2017）　日本音響学会誌73巻, pp. 21-24.

　学術雑誌に掲載された研究速報ですが，インターネットから手に入ります。本章で紹介された自動車の音のデザインについて，音響学の専門家への情報提供と問題提起を図る論文です。少し難しいですが，音響学ないし関連分野の現場の雰囲気を知るのによいと思います。

【5 章】

『音楽知覚認知ハンドブック—音楽の不思議の解明に挑む科学—』

小川容子・谷口高士・中島祥好・星野悦子・三浦雅展・山崎晃男（編著）（2020）
北大路書房

音楽の知覚や認知をはじめ，音響，聴覚，教育，脳，演奏，メディア，音楽療法，産業など，音楽と人間に関わる幅広いテーマについてのこれまでの知見と最新の研究動向を分かりやすく解説した１冊です。

『音は心の中で音楽になる—音楽心理学への招待—』

谷口高士（編著）（2000）　北大路書房

音楽心理学の研究法から，旋律・リズム・響き・聴取・記憶・演奏の各論，そして音楽と脳や音楽療法といった関連領域まで，主な研究と今後の展望を初学者にも分かりやすくまとめています。コラムとティーラウンジで紹介されるトピックも興味深いです。

【6 章】

『音楽心理学入門』

星野悦子（編著）（2015）　誠信書房

音楽心理学を初めて学ぶ人に基礎的知識を提供しながら，より深く学ぼうとする読者にも十分読みごたえのある水準を目指した，欲張った入門書です。

『演奏を支える心と科学』

リチャード・パーンカット＆ゲイリー・E・マクファーソン（編）／安達真由美・小川容子（監訳）（2011）　誠信書房

内容は難しいですが，演奏者の心理・認知について日本語で体系的に解説されているおそらく唯一の書です。

【7 章】

『音楽知覚認知ハンドブック—音楽の不思議の解明に挑む科学—』

小川容子・谷口高士・中島祥好・星野悦子・三浦雅展・山崎晃男（編著）（2020）
北大路書房

音楽と人間に関わる幅広いテーマについてまとめられていますが，音楽と感情についても，理論，研究法，聴取と演奏，情報処理などがしっかりと取り上げられています。

『音楽と感情の心理学』

パトリック・N・ジュスリン，ジョン・A・スロボダ（編）／大串健吾・星野悦子・山田真司（監訳）（2008）　誠信書房

　ジュスリンとスロボダによる「音楽と感情ハンドブック」の中から，特に興味深い章を選んで邦訳されたもので，日本語で読むことができる音楽と感情のまとまった研究書としては現在唯一の書となっています。

【8章】

『音楽の発達心理学』

デイヴィッド・J・ハーグリーヴズ（著）／小林芳郎（訳）（1993）　田研出版

　内容はやや古く入手し難いものの，広い立場からの音楽発達研究をまとめたもので，邦訳されている貴重な1冊です。

『子どもと音楽』

梅本堯夫（1999）　東京大学出版会

　入門書的な位置づけではあるものの，著者の長年の音楽心理学研究を背景にした科学的な裏づけがあり，かつ分かりやすい1冊です。

【9章】

『音楽アイデンティティ―音楽心理学の新しいアプローチ―』

レイモンド・R・マクドナルド，デイヴィッド・J・ハーグリーヴズ，ドロシー・ミエル（編）／岡本美代子・東村知子（訳）（2011）　北大路書房

　乳児からから若者における音楽を通したアイデンティティの発達，演奏家としてのアイデンティティの形成，さらには特別支援や心理療法の中での音楽の役割など，音楽とアイデンティティとの関係について，幅広い視点からまとめられた希少な書です。

『青年期発達百科事典』第1巻の「音楽聴取」

B・ブラッドフォード・ブラウン，ミッチェル・J・プリンスタイン（編）／子安増生・二宮克美（監訳）（2014）　丸善出版　pp. 43-56.

　青年期の心理に関する125のトピックが全3巻にまとめられた大部ですが，第1巻の「音楽聴取」では，青年期における音楽聴取の特徴や嗜好，音楽の役割，音楽を通した友人関係の形成と社会的アイデンティティなどがまとめられています。

文　献

● 第1章
収載なし

● 第2章
Atkinson, P. J., Najarro, E. H., Sayyid, Z. N., & Cheng, A. G. (2015). Sensory hair cell development and regeneration: similarities and differences. *The Company of Biologists*, **142**, 1561-1571.

カールソン，Ｎ・Ｒ（著）泰羅雅登・中村克樹（監訳）(2006). カールソン神経科学テキスト ―脳と行動―　丸善)

Fuchs, P. A.（Ed.）.（2010）. *The Oxford Handbook of Auditory Science: The Ear*. Oxford University Press.

Gold, T. & Pumphrey, R. J.（1948a）. Hearing. I. The cochlea as a frequency analyzer. *Proceedings of the Royal Society B*, **135**, 462-491.

Gold, T. & Pumphrey, R. J.（1948b）. Hearing. II. The physical basis of the action of the cochlea. *Proceedings of the Royal Society B*, **135**, 492-498.

Kemp, D. T.（1978）. Stimulated acoustic emissions from within the human auditory system. *Journal of the Acoustical Society of America*, **64**, 1386-1391.

Langner, G.（2015）. *The neural code of pitch and harmony*. Cambridge University Press.（根本　幾 （訳）（2017）. ピッチと和声の神経コード―心は脳の音楽―　東京電機大学出版局）

LeMasurier, M. & Gillespie, P. G.（2005）. Hair-cell mechanotransduction and cochlear amplification; Review. *Neuron*, **48**, 403-415.

Lyon, R. F.（2017）. *Human and machine hearing: Extracting meaning from sound*. Cambridge University Press.

McDermott, J. H., Schultz, A. F., Undruraga, E. A., & Godoy, R. A.（2016）. Indifference to dissonance in native Amazonians reveals cultural variation in music perception. *Nature*, **535**, 547-550.

Mithen, S.（2005）. *The singing Neanderthals: The origins of music, language, mind and body*. Weidenfeld & Nicolson.（熊谷淳子（訳）(2006). 歌うネアンデルタール人　早川書房）

Moore, B. C. J.（1982）. *An introduction to the psychology of hearing*. Academic Press.（大串健吾（監訳）（1994）. 聴覚心理学概論　誠信書房）

岡ノ谷一夫（2010）. 言葉はなぜ生まれたのか　文芸春秋社

Reichenbach, T., & Hudspeth, A. J.（2014）. The physics of hearing: fluid mechanics and the active process of the inner ear. *Reports on Progress in Physics*, **77**（7）, 076601. doi: 10.1088/0034-4885/77/7/076601.

Schellenberg, E. G., & Trehub, S. E.（1996）. Natural musical intervals: Evidence from infant listeners. *Psychological Science*, **7**, 272-277.

Suzuki, Y., & Takeshima, H.（2004）. Equal-loudness-level contours for pure tones. *Journal of the Acoustical Society of America*, **116**, 918-933.

Terhard, E.（1974）. Pitch, consonance and harmony. *Journal of the Acoustical Society of America*, **55**, 1061-1069.

● 第3章
Abe, S.（1935）. Experimental study on the co-relation between time and space. *Tohoku Psychologica Folia*, **3**, 53-68.

Bando, Y., Itoyama, K., Konyo, M., Tadokoro, S., Nakadai, K., Yoshii, K., & Okuno, H. G.（2015）. Human-voice enhancement based on online RPCA for a hose-shaped rescue robot with a microphone array. *IEEE International Symposium on Safety, Security, and Rescue Robotics*, 1-6. doi: 10.1109/SSRR.2015.7442949

Bidelman, G. M., & Patro, C. (2016). Auditory perceptual restoration and illusory continuity correlates in the human brainstem. *Brain Research*, **1646**, 84-90. doi: 10.1016/j.brainres.2016.05.050

Bregman, A. S. (1990). *Auditory scene analysis: The perceptual organization of sound*. Cambridge, MA: MIT Press.

Bregman, A. S., & Campbell, J. (1971). Primary auditory stream segregation and perception of order in rapid sequences of tones. *Journal of Experimental Psychology*, **89** (2), 244-249. doi: 10.1037/h0031163

Cohen, J., Hansel, C. E. M., & Sylvester, J. D. (1953). A new phenomenon in time judgment. *Nature*, **172** (4385), 901. doi: 10.1038/172901a0

Darwin, C. J., & Sutherland, N. S. (1984). Grouping frequency components of vawels: When is a harmonic not a harmonic? *Quarterly Journal of Experimental Psychology Section A Human Experimental Psychology*, **36** (2), 193-208. doi: 10.1080/14640748408402155

Deutsch, D.(1999). Grouping mechanisms in music. In D. Deutsch(Ed.), *The psychology of music*(2nd ed., pp.299-348). San Diego, CA: Academic Press.

Drake, C., & Botte, M. C. (1993). Tempo sensitivity in auditory sequences: Evidence for a multiple-look model. *Perception & Psychophysics*, **54** (3), 277-286. doi: 10.3758/BF03205262

Gescheider, G. A. (1997). *Psychophysics: The fundamentals* (3rd ed.). NJ: Mahwah.

Goldreich, D. (2007). A Bayesian perceptual model replicates the cutaneous rabbit and other tactile spatiotemporal illusions. *PLoS ONE*, **2** (3), e333. doi: 10.1371/journal.pone.0000333

Grondin, S. (1993). Duration discrimination of empty and filled intervals marked by auditory and visual signals. *Perception & Psychophysics*, **54** (3), 383-394. doi: 10.3758/BF03205274

Grondin, S. (2001a). Discriminating time intervals presented in sequences marked by visual signals. *Perception & Psychophysics*, **63** (7), 1214-1228. doi: 10.3758/BF03194535

Grondin, S. (2001b). From physical time to the first and second moments of psychological time. *Psychological Bulletin*, **127** (1), 22-44. doi: 10.1037/0033-2909.127.1.22

Grondin, S. (2010). Timing and time perception: A review of recent behavioral and neuroscience findings and theoretical directions. *Attention, Perception & Psychophysics*, **72** (3), 561-582. doi: 10.3758/APP.72.3.561

Grondin, S., Hasuo, E., Kuroda, T., & Nakajima, Y.(2017). Auditory time perception. In R. Bader(Ed.), *Springer handbook of systematic musicology* (pp.407-424). Heidelberg, Germany: Springer-Verlag GmbH.

Grondin, S., Kuroda, T., & Mitsudo, T. (2011). Spatial effects on tactile duration categorization. *Canadian Journal of Experimental Psychology*, **65** (3), 163-167. doi: 10.1037/a0022785

Grondin, S., & McAuley, J. D. (2009). Duration discrimination in crossmodal sequences. *Perception*, **38** (10), 1542-1559. doi: 10.1068/p6359

Grondin, S., & Plourde, M. (2007). Discrimination of time intervals presented in sequences: Spatial effects with multiple auditory sources. *Human Movement Science*, **26** (5), 702-716. doi: 10.1016/j.humov.2007.07.009

Grose, J. H., Hall, J. W., & Buss, E. (2001). Gap duration discrimination in listeners with cochlear hearing loss: Effects of gap and marker duration, frequency separation, and mode of presentation. *Journal of the Association for Research in Otolaryngology*, **2** (4), 388-398. doi: 10.1007/s101620010067

Helson, H., & King, S. M. (1931). The tau effect: An example of psychological relativity. *Journal of Experimental Psychology*, **14** (3), 202-217. doi: 10.1037/h0071164

Henry, M. J., & McAuley, J. D. (2009). Evaluation of an imputed pitch velocity model of the auditory kappa effect. *Journal of Experimental Psychology: Human Perception and Performance*, **35**(2), 551-564. doi: 10.1037/0096-1523.35.2.551

Henry, M. J., McAuley, J. D., & Zaleha, M. (2009). Evaluation of an imputed pitch velocity model of the auditory tau effect. Attention. *Perception & Psychophysics*, **71** (6), 1399-1413. doi: 10.3758/APP.71.6.1399

Holmes, S. D., & Roberts, B. (2006). Inhibitory influences on asynchrony as a cue for auditory segregation. *Journal of Experimental Psychology: Human Perception and Performance*, 32 (5), 1231-1242. doi: 10.1037/0096-1523.32.5.1231

Jones, M. R., & Boltz, M. (1989). Dynamic attending and responses to time. *Psychological Review*, **96** (3), 459-491. doi: 10.1037/0033-295X.96.3.459

Jones, M. R., Moynihan, H., Mackenzie, N., & Puente, J. (2002). Temporal aspects of stimulus-driven attending in dynamic arrays. *Psychological Science*, **13** (4), 313-319. doi: 10.1111/1467-9280.00458

Kanafuka, K., Nakajima, Y., Remijn, G. B., Sasaki, T., & Tanaka, S. (2007). Subjectively divided tone components in the gap transfer illusion. Perception & Psychophysics, 69 (5), 641-653. doi: 10.3758/BF03193768

Kato, H., & Tsuzaki, M. (1994). Intensity effect on discrimination of suditory duration flanked by preceding and succeeding tones. *Journal of the Acoustical Society of Japan* (E), **15** (5), 349-351. doi: 10.1250/ast.15.349

Kuroda, T., Grondin, S., Miyazaki, M., Ogata, K., & Tobimatsu, S. (2016). The kappa effect with only two visual markers. *Multisensory Research*, **29** (8), 703-725. doi: 10.1163/22134808-00002533

黒田剛士・蓮尾絵美 (2013). 早わかり心理物理学実験 日本音響学会誌, **69** (12), 632-637. doi: 10.20697/jasj.69.12_632

Kuroda, T., & Hasuo, E. (2014). The very first step to start psychophysical experiments. *Acoustical Science and Technology*, **35** (1), 1-9. doi: 10.1250/ast.35.1

Kuroda, T., Hasuo, E., & Grondin, S. (2013). Discrimination of brief gaps marked by two stimuli: Effects of sound length, repetition, and rhythmic grouping. *Perception*, **42** (1), 82-94. doi: 10.1068/p7186

Kuroda, T., & Miyazaki, M. (2016). Perceptual versus motor spatiotemporal interactions in duration reproduction across two hands. *Scientific Reports*, **6** (23365), 1-10. doi: 10.1038/srep23365

Kuroda, T., Nakajima, Y., & Eguchi, S. (2012). Illusory continuity without sufficient sound energy to fill a temporal gap: Examples of crossing glide tones. *Journal of Experimental Psychology: Human Perception and Performance*, **38** (5), 1254-1267. doi: 10.1037/a0026629

Kuroda, T., Nakajima, Y., Tsunashima, S., & Yasutake, T. (2009). Effects of spectra and sound pressure levels on the occurrence of the gap transfer illusion. *Perception*, **38** (3), 411-429. doi: 10.1068/p6032

黒田剛士・小野史典・門田 宏 (2017). 時間とリズムをつなぐ注意のダイナミクス Brain and Nerve, **69** (11), 1195-1202. doi: 10.11477/mf.1416200895

黒田剛士・吉岡大貴・宮崎 真 (2017). タウ／カッパ効果の規定因となる運動速度の予測を巡る研究の動向と課題 心理学研究, **88** (5), 504-517. doi: 10.4992/jjpsy.88.16403

Kuroda, T., Yoshioka, D., Ueda, T., & Miyazaki, M. (2018). Multiple looks of auditory empty durations both improve and impair temporal sensitivity. *Frontiers in Human Neuroscience*, **12** (31), 1-13. doi: 10.3389/fnhum.2018.00031

Li, M. S., Rhodes, D., & Di Luca, M. (2016). For the last time: Temporal sensitivity and perceived timing of the final stimulus in an isochronous sequence. Timing & Time *Perception*, 4 (2), 123-146. doi: 10.1163/22134468-00002057

牧野昭二・荒木章子・向井 良・澤田 宏 (2003). ブラインドな処理が可能な音源分離技術 NTT技術ジャーナル, **15** (12), 8-12.

McAuley, J. D., & Fromboluti, E. K. (2014). Attentional entrainment and perceived event duration. *Philosophical Transactions of the Royal Society B: Biological Sciences*, **369** (20130401), 1-10. doi: 10.1098/rstb.2013.0401

McAuley, J. D., & Jones, M. R. (2003). Modeling effects of rhythmic context on perceived duration: A comparison of interval and entrainment approaches to short-interval timing. *Journal of Experimental Psychology: Human Perception and Performance*, **29** (6), 1102-1125. doi: 10.1037/0096-1523.29.6.1102

Micheyl, C., Tian, B., Carlyon, R. P., & Rauschecker, J. P. (2005). Perceptual organization of tone sequences in the auditory cortex of awake macaques. *Neuron*, **48** (1), 139-148. doi: 10.1016/

j.neuron.2005.08.039

Miller, G. A., & Heise, G. A.（1950）. The trill threshold. *Journal of the Acoustical Society of America*, **22**（5）, 637-638. doi: 10.1121/1.1906663

Miller, G. A., & Licklider, J. C. R.（1950）. The intelligibility of interrupted speech. *Journal of the Acoustical Society of America*, **22**（2）, 167-173. doi: 10.1121/1.1906584

Miller, N. S., & McAuley, J. D.（2005）. Tempo sensitivity in isochronous tone sequences: The multiple-look model revisited. *Perception & Psychophysics*, **67**（7）, 1150-1160. doi: 10.3758/BF03193548

Mioni, G., Capizzi, M., Vallesi, A., Correa, Á., Di Giacopo, R., & Stablum, F.（2018）. Dissociating explicit and implicit timing in Parkinson's disease patients: Evidence from bisection and foreperiod tasks. *Frontiers in Human Neuroscience*, **12**（17）, 1-12. doi: 10.3389/fnhum.2018.00017

三菱電機（2017）. 独自の AI 技術「ディープクラスタリング」を用いた音声分離技術—マイク 1 本で録音した複数話者の同時音声の分離・再現に成功— http://www.mitsubishielectric.co.jp/news/2017/pdf/0524-e.pdf（2018 年 3 月 21 日閲覧）

Moore, B. C. J.（1989）. *An introduction to the psychology of hearing*（3rd ed.）. London: Academic Press.（大串健吾（監訳）（1994）. 聴覚心理学概論 誠信書房）

Moore, B. C. J., Glasberg, B. R., & Peters, R. W.（1986）. Thresholds for hearing mistuned partials as separate tones in harmonic complexes. *Journal of the Acoustical Society of America*, **80**（2）, 479-483. doi: 10.1121/1.394043

Nakajima, Y., Hasuo, E., Yamashita, M., & Haraguchi, Y.（2014）. Overestimation of the second time interval replaces time-shrinking when the difference between two adjacent time intervals increases. *Frontiers in Human Neuroscience*, **8**（281）, 1-12. doi: 10.3389/fnhum.2014.00281

Nakajima, Y., Sasaki, T., Kanafuka, K., Miyamoto, A., Remijn, G., & ten Hoopen, G.（2000）. Illusory recouplings of onsets and terminations of glide tone components. *Perception & Psychophysics*, **62**（7）, 1413-1425. doi: 10.3758/BF03212143

中島祥好・佐々木隆之・上田和夫・G. B. レメイン（2014）. 聴覚の文法 コロナ社

Nakajima, Y., ten Hoopen, G., Sasaki, T., Yamamoto, K., Kadota, M., Simons, M., & Suetomi, D.（2004）. Time-shrinking: The process of unilateral temporal assimilation. *Perception*, **33**（9）, 1061-1079. doi: 10.1068/p5061

Nakajima, Y., ten Hoopen, G., & van der Wilk, R.（1991）. A new illusion of time perception. *Music Perception*, **8**（4）, 431-448. doi: 10.2307/40285521

奥乃 博・中臺一博(2010). ロボット聴覚オープンソフトウェア HARK 日本ロボット学会誌, **28**（1）, 342-346.

大山 正（2000）. 視覚心理学への招待—見えの世界へのアプローチ— サイエンス社

Penner, M. J.（1976）. The effect of marker variability on the discrimination of temporal intervals. *Perception & Psychophysics*, **19**（5）, 466-469. doi: 10.3758/BF03199409

Petkov, C. I., O'Connor, K. N., & Sutter, M. L.（2007）. Encoding of illusory continuity in primary auditory cortex. *Neuron*, **54**（1）, 153-165. doi: 10.1016/j.neuron.2007.02.031

Price-Williams, D. R.（1954）. The kappa effect. *Nature*, **173**（4399）, 363-364. doi: 10.1038/173363a0

Rammsayer, T. H., & Leutner, D.（1996）. Temporal discrimination as a function of marker duration. *Perception & Psychophysics*, **58**（8）, 1213-1223.

Rasch, R. A.(1978). The perception of simultaneous notes such as in polyphonic music. *Acustica*, **40**(1), 21-33.

Sarrazin, J., Giraudo, M.-D., & Pittenger, J. B.（2007）. Tau and kappa effects in physical space: The case of audition. *Psychological Research*, **71**（2）, 201-218. doi: 10.1007/s00426-005-0019-1

Sasaki, T.（1980）. Sound restoration and temporal localization of noise in speech and music sounds. *Tohoku Psychologica Folia*, **39**（1-4）, 79-88.

Schulze, H. H.（1989）. The perception of temporal deviations in isochronic patterns. *Perception & Psychophysics*, **45**（4）, 291-296. doi: 10.3758/BF03204943

Shahin, A. J., Kerlin, J. R., Bhat, J., & Miller, L. M.（2012）. Neural restoration of degraded audiovisual speech. *NeuroImage*, **60**（1）, 530-538. doi: 10.1016/j.neuroimage.2011.11.097

Shigeno, S.（1986）. The auditory tau and kappa effects for speech and nonspeech stimuli. *Perception &*

Psychophysics, **40**（1）, 9-19. doi: 10.3758/BF03207588

須藤容治（1952）. 触空間における S 効果の研究（1） 心理学研究 , **22**, 189-200. doi: 10.4992/jjpsy.22.189

ten Hoopen, G., Miyauchi, R., & Nakajima, Y.（2008）. Time-based illusions in the auditory mode. In S. Grondin（Ed.）, *Psychology of time*（pp.139-187）. Bingley, UK: Emerald Group Publishing.

ten Hoopen, G., van den Berg, S., Memelink, J., Bocanegra, B., & Boon, R.（2011）. Multiple-look effects on temporal discrimination within sound sequences. *Attention, Perception, & Psychophysics*, **73**（7）, 2249-2269. doi: 10.3758/s13414-011-0171-1

Thurlow, W. R., & Elfner, L. F.（1959）. Continuity effects with alternately sounding tones. *Journal of the Acoustical Society of America*, **31**（10）, 1337-1339. doi: 10.1121/1.1907631

Tsuzaki, M., Tanaka, M., & Kato, H.（2003）. Shrinkage in the perceived duration of speech and tone by acoustic replacement. *Japanese Psychological Research,* **45**（3）, 129-139. doi: 10.1111/1468-5884.t01-1-00045

Uchitomi, H., Ota, L., Ogawa, K., Orimo, S., & Miyake, Y.（2013）. Interactive rhythmic cue facilitates gait relearning in patients with Parkinson's disease. *PLoS ONE*, **8**（9）, e72176. doi: 10.1371/journal.pone.0072176

van Noorden, L. P. A. S.（1975）. *Temporal coherence in the perception of tone sequences.* Unpublished doctoral dissertation, Eindhoven University of Technology, Eindhoven, the Netherlands.

Wagemans, J., Elder, J. H., Kubovy, M., Palmer, S. E., Peterson, M. A., Singh, M., & Heydt, R. von der.（2012）. A century of Gestalt psychology in visual perception I. Perceptual grouping and figure-ground organization. *Psychological Bulletin*, **138**（6）, 1172-1217. doi: 10.1037/a0029333.A

Wagemans, J., Feldman, J., Gepshtein, S., Kimchi, R., Pomerantz, J. R., Helm, P. A. van der, & Leeuwen, C. van.（2012）. A century of Gestalt psychology in visual perception II. Conceptual and theoretical foundations. *Psychological Bulletin*, **138**（6）, 1218-1252. doi: 10.1037/a0029334.A

Warren, R. M.（1970）. Perceptual restoration of missing speech sounds. *Science*, **167**（3917）, 392-393. doi: 10.1126/science.167.3917.392

Warren, R. M.（2008）. *Auditory perception: An analysis and synthesis*（3rd ed.）. Cambridge: Cambridge University Press. doi: 10.1017/ CBO9780511754777

Warren, R. M., Obusek, C. J., & Ackroff, J. M.（1972）. Auditory induction: Perceptual synthesis of absent sounds. *Science*, **176**（4039）, 1149-1151. doi: 10.1126/science.176.4039.1149

● 第 4 章

Fastl, H., & Zwicker, E.（2016）. *Psychoacoustics: Facts and models*. Springer.

岩宮眞一郎（編）(2010). 音色の感性学―音色・音質の評価と創造― コロナ社

岩宮眞一郎（2020）. 音と音楽の科学 技術評論社

北村音壱・佐々木 實（監修）岩宮眞一郎・大橋心耳（編）(1996). 音の感性を育てる―聴能形成の理論と実際― 音楽之友社

桑野園子（編）(2007). 音環境デザイン コロナ社

難波精一郎・桑野園子（1998）. 音の評価のための心理学的測定法 コロナ社

日本音響学会（編）(2016). 音響キーワードブック コロナ社

日本騒音制御工学会（編）(2010). 騒音用語事典 技法堂出版

橘 秀樹・矢野博夫（2004）. 環境騒音・建築音響の測定 コロナ社

山内勝也（2020）. CASE 時代の自動車の音デザイン 自動車技術 , **74**（7）, 63-67.

山内勝也（2019）. 次世代自動車における接近通報音のデザイン 日本音響学会誌 , **75**（2）, 73-80.

● 第 5 章

Bregman, A. S.（1990）. *Auditory scene analysis: The perceptual organization of sound.* MIT Press.

小西行郎・志村洋子・今川恭子・坂井康子（編著）(2016). 乳幼児の音楽表現―赤ちゃんから始まる音環境の創造― 中央法規

Schubert, E.（2001）. Continuous measurement of self-report emotional response to music. In P. N.

Juslin & J. A. Sloboda（Eds.）, *Music and emotion: Theory and research*（pp.393-414）. Oxford University Press.（大串健吾・星野悦子・山田真司（監訳）（2008）. 音楽と感情の心理学（pp.291-318） 誠信書房）

谷口高士（2018）. 高臨場感コミュニケーションにおける聴覚的臨場感の階層的印象推定モデル 電子情報通信学会誌, **101**（8）, 804-811.

梅本堯夫（編）（1996）. 音楽心理学の研究 ナカニシヤ出版

梅本堯夫（1999）. 子どもと音楽 東京大学出版会

● 第6章

阿部純一（1987）. 旋律はいかに処理されるか 波多野誼余夫（編） 音楽と認知（pp.41-68） 東京大学出版会

Aiello, R., & Sloboda, J. A.（Ed.）.（1994）. *Musical perceptions*. New York: Oxford University Press.（大串健吾（監訳）（1998）. 音楽の認知心理学 誠信書房）

Altenmüller, E., & Gruhn, W.（2002）. Brain mechanism. In R. Parncutt & G. E. McPherson（Eds.）, *The science & psychology of music performance: Creative strategies for teaching and learnig*（pp.63-81）. New York: Oxford University Press.（星 玲子・柴山拓郎（訳）（2011）. 音楽演奏を可能にする脳のメカニズム 安達真由美・小川容子（監訳）演奏を支える心と科学（pp.97-124） 誠信書房）

Barry, N. H., & Hallam, S.（2002）. Practice. In R. Parncutt & G. E. McPherson（Eds.）, *The science & psychology of music performance: Creative strategies for teaching and learnig*（pp.151-165）. New York: Oxford University Press.（吉野 巌・権藤敦子（訳）（2011）. 練習 安達真由美・小川容子（監訳） 演奏を支える心と科学（pp.232-255） 誠信書房）

Bigand, E., Madurell, F., Tillmann, B., & Pineau, M.（1999）. Effects of global structure and temporal organization on chord processing. *Journal of Experimental Psychology: Human Perception and Performance*, **25**, 184-197.

Chang, H. W., & Trehub, S.（1977）. Auditory processing of relational information by young infants. *Journal of Experimental Child Psychology*, **24**, 324-331.

Deutsch, D.（1982）. Grouping mechanisms in music. In D. Deutsch（Ed.）, *The psychology of music*（pp.99-134）. New York: Academic Press.（宮崎謙一（訳）（1987）. 音楽における群化のしくみ 寺西立年・大串健吾・宮崎謙一（監訳） 音楽の心理学（上）（pp.119-162） 西村書店）

Dowling, W. J.（1982）. Melodic information processing and its development. In D. Deutsch（Ed.）, *The psychology of music*（pp.413-429）. New York: Academic Press.（津崎 実（訳）（1987）. メロディー情報処理とその発達 寺西立年・大串健吾・宮崎謙一（監訳） 音楽の心理学（下）（pp.505-528） 西村書店）

後藤靖宏（2000）. リズム（旋律の時間的側面） 谷口高士（編） 音は心の中で音楽になる（pp.53-79） 北大路書房）

星野悦子・阿部純一（1984）. メロディ認知における"調性感"と終止音導出 心理学研究, **54**, 344-350.

Meyer, L. B.（1956）. *Emotion and meaning in music*. Chicago: University of Chicago Press.（上田和夫（訳）（1998）. 音楽における情動と意味 大串健吾（監訳） 音楽の認知心理学（pp.3-45） 誠信書房）

宮崎謙一（2004）. 絶対音感を巡る誤解 日本音響学会誌, **69**, 562-569.

岡田顕宏・阿部純一（1998）. メロディの認識―拍節解釈と調性解釈を結合した計算モデル― 長嶋洋一・橋本周司・平賀 譲・平田圭二（編） コンピュータと音楽の世界―基礎からフロンティアまで―（pp.199-214） 共立出版

O'Neill, S. A., & McPherson, G. E.（2002）. Motivation. In R. Parncutt & G. E. McPherson（Eds.）, *The science & psychology of music performance: Creative strategies for teaching and learning*（pp.31-46）. New York: Oxford University Press.（吉野 巌・疇地希美（訳）（2011）. 動機づけ 安達真由美・小川容子（監訳） 演奏を支える心と科学（pp.48-73） 誠信書房）

榊原彩子（2004）. なぜ絶対音感は幼少期にしか習得できないのか？―訓練開始年齢が絶対音

感習得過程に及ぼす影響— 教育心理学研究, **52**, 485-496.

Trehub, S. E., & Thorpe, L. A.（1989）. Infants' perception of rhythm: Categorization of auditory sequences by temporal structure. *Canadian Journal of Psychology*, **43**, 217-229.

梅本尭夫（1987）. 認知とパフォーマンス 東京大学出版会

吉野　巌（2015）. 音楽の認知 星野悦子（編）音楽心理学入門（pp.79-82）誠信書房

● 第 7 章

Asmus, E. P.（1985）. The development of a multidimensional instrument for the measurement of affective responses to music. *Psychology of Music*, **13**, 19-30.

Blood, A. J., Zatorre, R. J., Bermudez, P., & Evans, A. C.（1999）. Emotional responses to pleasant and unpleasant music correlate with activity in paralimbic brain regions. *Nature Neuroscience*, **2**, 382-387.

Ekman, P.（1984）. Expression and the nature of emotion. In K. Scherer & P. Ekman（Eds.）, *Approaches to emotion*（pp.319-343）. Hillsdale: Erlbaum.

Ekman, P., & Friesen, W. V.（1971）. Constants across cultures in the face and emotion. *Journal of Personality and Social Psychology*, **17**, 124-129.

Ekman, P., & Friesen, W. V.（1975）. *Unmasking the face: A guide to recognizing emotions from facial cues*. Englewood Cliffs: Prentice-Hall.（工藤　力（訳編）（1987）. 表情分析入門—表情に隠された意味をさぐる— 誠信書房）

Ekman, P., Friesen, W. V., O'Sullivan, M., Chan, A., Diacoyanni-Tarlatzis, I., Heider, K., Krause, R., LeCompte, W. A., Pitcairn, T., Ricc-Bitti, P. E., Scherer, K. R., Tomita, M., & Tzavaras, A.（1987）. Universals and cultural differences in the judgments of facial expressions of emotion. *Journal of Personality and Social Psychology*, **53**, 712-717.

Gabrielsson, A., & Juslin, P. N.（1996）. Emotional expression in music performance: Between the performer's intention and the listener's experience. *Psychology of Music*, **24**, 68-91.

Gabrielsson, A.（2001）. Emotions in strong experiences with music. In P. N. Juslin & J. A. Sloboda（Eds.）, *Music and emotion: Theory and research*（pp.431-449）. New York: Oxford University Press.

Gabrielsson, A.（2002）. Emotion perceived and emotion felt: Same or different? *Musicae Scientiae*, **Special Issue 2001-2002**, 123-147.

Hevner, K.（1936）. Experimental studies of the elements of expression in music. *The American Journal of Psychology*, **48**, 248–268.

Hevner, K.（1937）. The affective value of pitch and tempo in music. *The American Journal of Psychology*, **49**, 621–630.

岩下豊彦（1972）. 情緒的意味空間の個人差に関する一実験的研究 心理学研究, **43**（4）, 188-200.

Izard, C. E.（1977）. *Human emotions*. New York: Plenum.

Juslin, P. N.（2016）. Emotional reactions to music. In S. Hallam, I. Cross & M. Thaut（Eds.）, *The Oxford handbook of music psychology*（2nd ed; pp.197-213）. New York: Oxford University Press.

Juslin, P. N., & Timmers, R.（2010）. Expression and communication of emotion in music performance. In P. N. Juslin & J. A. Sloboda（Eds.）, *Handbook of music and emotion: Theory, research, applications*（pp.453-489）. New York: Oxford University Press.

Kawakami, A., Furukawa, K., Katahira, K., & Okanoya, K.（2013）. Sad music induces pleasant emotion. *Frontiers in Psychology*, **4**（311）, 1-15.

Krumhansl, C. L.（1997）. An exploratory study of musical emotions and psychophysiology. *Canadian Journal of Experimental Psychology*, **51**, 336-352.

Motley, M. T., & Camden, C. T.（1988）. Facial expression of emotion: A comparison of posed expressions versus spontaneous expressions in an interpersonal communication setting. *Western Journal of Speech Communication*, **52**, 1-22.

中村　均（1983）. 音楽の情動的性格の評定と音楽によって生じる情動の評定の関係 心理学研究, **54**, 54-57.

Nielzén, S., & Cesarec, Z.（1982）. Emotional experience of music as a function of musical structure. *Psychology of Music*, **10**（2）, 7-17.

North, A .C., & Hargreaves, D.J.（1997）. Liking, arousal potential, and the emotions expressed by music. *Scandinavian Journal of Psychology*, **38**, 45-53.

Plutchik, R.（1980）. *Emotion: A psychoevolutionary synthesis*. New York: Harper and Row.

Russell, J. A.（1980）. A circumplex model of affect. *Journal of Personality and Social Psychology*, **39**, 1161-1178.

Russell, J. A., Weiss, A., & Mendelsohn, G. A.（1989）. Affect grid: A single-item scale of pleasure and arousal. *Journal of Personality and Social Psychology*, **57**, 493-502.

Schubert, E.（1999）. Measuring emotion continuously: Validity and reliability of the two dimensional emotion space. *Australian Journal of Psychology*, **51**, 154-165.

Schubert, E.（2001）. Continuous measurement of self-report emotional response to music. In P. N. Juslin & J. A. Sloboda（Eds.）, *Music and emotion: Theory and research*（pp.393-414）. New York: Oxford University Press.

Schubert, E.（2004）. Modeling perceived emotion with continuous musical features. *Music Perception*, **21**（4）, 561-585.

Spencer, H.（1890）. *The principles of psychology*（Vol.1）. New York: Academic Press.

谷口高士（1995）. 音楽作品の感情価評定尺度の作成および多面的感情状態尺度との関連の検討　心理学研究 , **65**（6）, 463-470.

谷口高士・大出訓史・中山靖茂（2014）. 聴覚的臨場感の基本印象・複合印象尺度に関する時系列的検討—2ch/22.2ch 音楽コンテンツの連続時間評価—　電子情報通信学会技術研究報告 CQ2014-36, 117-122.

Wundt, W.（1896）. *Grundriss der Psychologie*. Leipzig: Wilhelm Engelmann.

Wundt, W.（1910）. *Grundzüge der physiologischen Psychologie*（6th ed.）. Leipzig: Wilhelm Engelmann.

Zentner, M., Grandjean, D., & Scherer, K. R.（2008）. Emotions evoked by the sound of music: characterization, classification, and measurement. *Emotion*, **8**, 494-521.

● 第 8 章

阿部純一（1987）. 旋律はいかに処理されるか　波多野誼余夫（編）　音楽と認知（pp. 41-68）東京大学出版会（新装版 2007 年）

安達真由美（2006）. 音楽の意味を科学する　大津由紀雄・波多野誼余夫・三宅なほみ（編）認知科学への招待 2—心の研究の多様性を探る（pp.148-166）—　研究社

Adachi, M., & Trehub, S. E.（1998）. Children's expression of emotion in song. *Psychology of Music*, **26**, 133-153.

Adachi, M., & Trehub, S. E.（2000）. Decoding the expressive intentions in children's songs. *Music Perception*, **18**, 213-224.

Aiello, R.（1994）. Can listening to music be experimentally studied? In R. Aiello & J. A. Sloboda（Eds.）, *Musical perceptions*（pp.273-282）. New York: Oxford University Press.（大串健吾（監訳）（1998）. 音楽の認知心理学　誠信書房）

Asmus, E. P.（1985）. The development of a multidimensional instrument for the measurement of affective responses to music. *Psychology of Music*, **13**, 19-30.

Bamberger, J.（1991）. *The mind behind the musical ear*. Cambridge: Harvard University Press.

Bamberger, J.（1994）. Coming to hear in a new way. In R. Aiello & J. A. Sloboda（Eds.）, *Musical perceptions*（pp.131-151）. New York: Oxford University Press.

Barrett, M.（2005）. Representation, cognition and communication: Invented notation in children's musical communication. In D. Miell, R. MacDonald & D. J. Hargreaves（Eds.）, *Musical communication*（pp.117-142）. New York: Oxford University Press.

Chang, H. W., & Trehub, S. E.（1977）. Auditory processing of relational information by young infants. *Journal of Experimental Child Psychology*, **24**, 324-331.

Cohen, A. J., Thorpe, L. A., & Trehub, S. E.（1987）. Infants' perception of musical relations in short transposed tone sequences. *Canadian Journal of Psychology*, **41**, 33-47.

Davidson, L.（1985）. Tonal structures of children's early songs. *Music Perception*, **2**, 361-373.

Davidson, L.（1994）. Song singing by young and old: A developmental approach to music. In R. Aiello & J. A. Sloboda（Ed.）, *Musical perceptions*（pp.99-130）. New York: Oxford University Press.

Davidson, L., & Colley, B.（1987）. Children's rhythmic development from age 5 to 7: Performance, notation, and reading of rhythmic patterns. In J. Peery, I. Peery & T. Draper（Eds.）, *Music and child development*（pp.107-136）. New York: Springer-Verlag.

Davidson, L., & Scripp, L.（1988）. Young children's musical representations: Windows on music cognition. In J. A. Sloboda（Ed.）, *Generative processes in music: The psychology of performance, improvisation and composition*（pp.195-230）. New York: Oxford University Press.

Deutsch, D.（Ed.）（2012）. *The psychology of music*（3rd ed.）. Academic Press.

Egermann, H., Nagel, F., Altenmüller,E., & Kopiez, R.（2009）. Continuous measurement of musically-induced emotion: A web experiment. *International Journal of Internet Science*, **4**, 4-20.

Elmer, S.（1994）. Children's acquisition and generation of songs. *Proceedings of the 3rd International Conference on Music Perception and Cognition*, 119-120.

Farnsworth, P. R.（1954）. A study of the Hevner adjective list. *Journal of Aesthetics and Art Criticism*, **13**, 97-103.

Gardner, H.（1983）. Frames of mind: The theory of multiple intelligences. NY: Basic Books.

Hargreaves, D. J.（1986）. *The developmental psychology of music*. Cambridge University Press.（小林芳郎（訳）（1993）. 音楽の発達心理学　田研出版）

Hevner, K.（1936）. Experimental studies of the elements of expression in music. *American Journal of Psychology*, **48**, 246-248.

Hevner, K.（1937）. The affective value of pitch and tempo in music. *American Journal of Psychology*, **49**, 621-630.

岩口摂子（2011）. 幼児における音楽と感情との関連（3）日本と中国の幼児の，音楽における感情の理解について　相愛大学人間発達学研究 , **2**, 27-36.

岩下豊彦（1972）. 情緒的意味空間の個人差に関する一実験的研究　心理学研究 , **43**, 188-200.

Kastner, M. P., & Crowder, R. G.（1990）. Perception of the major/minor distinction: IV. Emotional connotation in young children. *Music Perception*, **8**, 189-201.

川原　浩・野波健彦（1977）. 音楽教育研究における実験的研究（Ⅱ）―享受体験におけるイメージの言語化に関する分析―　広島大学教育学部紀要第 4 部 , **26**, 75-85.

北村柚葵・北　洋輔・奥村安寿子・稲垣真澄・奥住秀之・石川裕司（2019）. 小児期における音高弁別能力の発達的変化　音楽知覚認知研究 , **25**（1）, 3-12.

Kratus, J.（1993）. A developmental study of children's interpretation of emotion in music. *Psychology of Music*, **21**, 3-19.

Masataka, N.（2006）. Preference for consonance over dissonance by hearing newborns of deaf parents and of hearing parents. *Developmental Science*, **9**, 46-50.

三谷知里・中田隆行（2004）. 拍間隔の変動性が乳児の関心に与える影響　情報処理学会研究報告 , **111**, 119-124.

水野伸子（2011）. 幼児期における音楽理解の発達―「体制化」の過程―　岐阜女子大学紀要 , **40**, 157-167.

Nagel, F., Kopiez, R., Grewe, O., & Altenmüller, E.（2007）. EMuJoy: Software for continuous measurement of perceived emotions in music. *Behavior Research Methods*, **39**, 283-290.

Nakata, T., & Trehub, S. E.（2004）. Infants' responsiveness to maternal speech and singing. *Infant Behavior & Development*, **27**, 455-464.

Nawrot, E. S.（2003）. The perception of emotional expression in music: Evidence from infants, children and adults. *Psychology of Music*, **31**, 75-92.

Kemler Nelson, D. G., Jusczyk, P. W., D. R. Mandel, Myers, J., Turk, A., & Gerken, L.（1995）. The head-turn preference procedure for testing auditory perception. *Infant Behavior and Development*, **18**, 111-116.

二藤宏美（2004）. 乳児の旋律聴取研究　ベビーサイエンス , **4**. https://www.crn.or.jp/LABO/

BABY/LEARNED/04.HTM

二藤宏美・林 安紀子・南 曜子（2000）．乳児における旋律への選好反応の発達―童謡とその変型の場合― 電子情報通信学会技術研究報告 , **SP2000-38**, 47-52.

大浦容子・中西里果（2000）．演奏の情動表現の解読技能の発達 音楽知覚認知研究 , **6**, 13-29.

Overy, K., Peretz, I., Zatorre, R. J., Lopez, L., & Manjo, M.（2012）. *Neurosciences and music IV: Learning and memory*. Wiley-Blackwell.

Papoušek, H.（1994）. To the evolution of human musicality and musical education. *Proceedings of the 3rd International Conference on Music Perception and Cognition,* 13-14.

Papoušek, H.（1996）. Musicality in infancy research: biological and cultural origins of early musicality. In I. Deliège & J. A. Sloboda（Eds.）, *Musical beginnings: Origins and development of musical competence*（pp.37-87）. Oxford University Press.

Peretz, I., & Zatorre, R. J.（Eds.）（2003）. *The cognitive neuroscience of music*. Oxford University Press.

Pouthas, V. A.（1996）. The development of the perception of time and temporal regulation of action in infants and children. In I. Deliège & J. A. Sloboda（Eds.）, *Musical beginnings: Origins and development of musical competence*（pp.115-141）. Oxford University Press.

Schubert, E.（1999）. Measuring emotion continuously: Validity and reliability of the two dimensional emotion space. *Australian Journal of Psychology*, **51**, 154-165.

Schubert, E.（2001）. Continuous measurement of self-report emotional response to music. In P. N. Juslin & J. A. Sloboda（Eds.）, *Music and emotion: Theory and research*（pp.393-414）. Oxford University Press.

Schubert, E.（2004）. Modeling perceived emotion with continuous musical features. *Music Perception*, **21**, 561-585.

Schubert, E.（2010）. Continuous self-report methods. In P. N. Juslin & J. A. Sloboda（Eds.）, *Handbook of music and emotion: Theory, research, applications*（pp.223-253）. Oxford: Oxford University Press.

Schubert, E., & McPherson, G.（2006）. The perception of emotion in music. In G. McPherson（Ed）, *The child as musician: A handbook of musical development*（pp. 193-212）. Oxford University Press.

Serafine, M. L.（1979）. A measure of meter conservation in music, based on Piaget's theory. *Genetic Psychology Monographs*, **99**, 185-229.

Serafine, M. L.（1980）. Piagetian research in music. *Council for Research in Music Education Bulletin*, **62**, 1-21.

Serafine, M. L.（1988）. *Music as cognition: The development of thought in sound*. Columbia University Press.

Shuter-Dyson, R., & Gabriel, C.（1981）. *The psychology of musical ability*. London: Methuen.

Swanwick, K., & Tillman, J.（1986）. The sequence of musical development: A study of children's composition. *British Journal of Music Education*, **3**, 305-339.

Swanwick, K.（1988）. Music, mind, and education. London: Routledge（現在は Taylor & Francis）.（野波健彦・吉富功修・長島真人・石井信生・竹井成美（共訳）（1992）. 音楽と心と教育―新しい音楽教育の理論的指標― 音楽之友社）

Swanwick, K.（1991）. Further research on the musical development sequence. *Psychology of Music*, **19**, 22-32.

谷口高士（1995）．音楽作品の感情価測定尺度の作成および多面的感情状態尺度との関連の検討 心理学研究 , **65**, 463-470.

谷口高士（1998）．音楽と感情―音楽の感情価と聴取者の感情的反応に関する認知心理学的研究― 北大路書房

Trainor, L. J., Tsang, C. D., & Cheung, V. H. W.（2002）. Preference for sensory consonance in 2- and 4-month-old infants. *Music Perception*, **20**, 187-194.

Trehub, S. E.（1993）. The music listening skills of infants and young children. In T. J. Tighe & W. J. Dowling（Eds.）, *Psychology of music: The understanding of melody and rhythm*（pp.161-176）.

Hillsdale: Erlbaum.

Trehub, S. E., & Thorpe, L. A.（1989）. Infants' perception of rhythm: Categorization of auditory sequences by temporal structure. *Canadian Journal of Psychology*, **43**, 217-229.

Trehub, S. E., Bull, D., & Thorpe, L. A.（1984）. Infants' perception of melodies: The role of melodic contour. *Child Development*, **55**, 821-830.

Trehub, S. E., Schellenberg, E. G., & Nakata, T.（2008）. Cross-cultural perspectives on pitch memory. *Journal of Experimental Child Psychology*, **100**, 40-52.

Trehub, S. E., Schneider, B. A., & Henderson, J. L.（1995）. Gap detection in infants, children, and adults. *Journal of the Acoustical Society of America*, **98**, 2532-2541.

Trehub, S. E., Thorpe, L. A., & Morrongiello, B. A.（1985）. Infants perception of melodies: Changes in a single tone. *Infant Behavior and Development*, **8**, 213-223.

Trehub, S. E., Thorpe, L. A., & Morrongiello, B. A.（1987）. Organizational processes in infants' perception of auditory patterns. *Child Development*, **58**, 741-749.

梅本堯夫（1999）. 子どもと音楽 東京大学出版会

Webster, P. R., & Zimmerman, M. P.（1983）. Conservation of rhythmic and tonal patterns of second through sixth grade children. *Bulletin of the British Psychological Society*, **73**, 28-49.

山崎晃男（2006）. 幼児による音楽演奏を通じた感情的意図の伝達 音楽知覚認知研究 , **12**, 1-14.

山崎貴世（1997）. 幼児における音楽の情緒的意味の表情画尺度による測定 京都大学教育学部卒業論文（未公刊）

Zentner, M., & Eerola, T.（2009）. Self-report based measures and models of musical emotion. In P. N. Juslin & J. A. Sloboda（Eds.）, *Handbook of music and emotion*. Oxford: Oxford University Press.

Zentner, M., Grandjean, D., & Scherer, K. R.（2008）. Emotions evoked by the sound of music: Characterization, classification, and measurement. *Emotion*, **8**, 494-521.

Zimmerman, M. P., & Sechrest, L.（1970）. Brief focused instruction and musical concepts. Journal of Research in Music Education, 18, 25-36.

● 第9章

安達真由美・吉本 有（2009）. 大学生の日常生活における選択的音楽聴取の検討 日本音楽教育学会（編） 音楽教育学の未来（pp.84-97） 音楽之友社

濱村真理子・岩宮眞一郎（2013）. 大学生に対する携帯型音楽プレーヤの使用実態調査 日本音響学会誌 , **69**（7）, 331-339.

小嶋明子（2006）. 高校から大学へ―就職・進学への移行― 会沢 勲・石川悦子・小嶋明子 移行期の心理学―こころと社会のライフ・イベント― 第2版（pp. 115-146） ブレーン出版

松本じゅん子・小林翔子（2008）. J-POP のブームと若者の音楽嗜好との関連 日本音楽知覚認知学会平成 20 年度秋季研究発表会資料, 19-24.

中村紀子（1994）. ユーミン現象 松井 豊（編） ファンとブームの社会心理（pp.15-32） サイエンス社

NHK 放送文化研究所世論調査部（編）（2008）. 日本人の好きなもの―データで読む嗜好と価値観― NHK 出版

NHK 放送世論調査所（編）（1982）. 現代人と音楽 日本放送出版協会

Notrh, A. C., Hargreaves, D. J., & O'Neill, S. A.（2000）. The importance of music to adolescents. *British Journal of Educational Psychology*, **70**, 255-272.

Platz, F., Kopiez, R., Hasselhorn, J., & Wolf, A.（2015）. The impact of song-specific age and affective qualities of popular songs on music-evoked autobiographical memories（MEAMs）. *Musicae Scientiae*, **19**（4）, 327-349.

Schulkind, M. D., Hennis, L. K., & Rubin, D. C.（1999）. Music, emotion, and autobiographical memory: They're playing your song. *Memory & Cognition*, **27**（6）, 948-955.

谷口高士（2005）. 現代の音楽生活と感情 佐藤 香（編） 感情現象の諸相（pp.27-42） ナカニシヤ出版

谷口高士（2006）. 音楽を聴くということの心理学的意味を考える―心理学からのアプローチ

　　　― 日本音響学会誌, **62**（9）, 682-687.

上野行良・渡辺麻子（1994）. 小田和正ファンの心理　松井　豊（編）ファンとブームの社会
　　　心理（pp.35-50）　サイエンス社

山本晃輔（2015）. 重要な自伝的記憶の想起がアイデンティティの達成度に及ぼす影響　発達
　　　心理学研究, **26**（1）, 70-77.

人名索引

▌シリーズ監修者

太田信夫　（筑波大学名誉教授・東京福祉大学教授）

▌執筆者一覧（執筆順）

中島祥好	（編者）	はじめに，第1章
根本　幾	（東京電機大学）	第2章
黒田剛士	（ヤマハ発動機株式会社）	第3章，現場の声1
山内勝也	（九州大学）	第4章
谷口高士	（編者）	はじめに，第5章，第7章，第8章
吉野　巖	（北海道教育大学）	第6章，現場の声5
松本じゅん子	（長野県看護大学）	第9章

▌現場の声　執筆者一覧（所属等は執筆当時のもの）

現場の声2	浅川　香	（三菱電機　情報技術総合研究所）
現場の声3	西山友幸	（日本放送協会）
現場の声4	三浦雅展	（国立音楽大学）

【監修者紹介】

太田信夫（おおた・のぶお）

1971 年　名古屋大学大学院教育学研究科博士課程単位取得満了
現　在　筑波大学名誉教授，東京福祉大学教授，教育学博士（名古屋大学）

【主著】
記憶の心理学と現代社会（編著）　有斐閣　2006 年
記憶の心理学（編著）　ＮＨＫ出版　2008 年
記憶の生涯発達心理学（編著）　北大路書房　2008 年
認知心理学：知のメカニズムの探究（共著）　培風館　2011 年
現代の認知心理学【全 7 巻】（編者代表）　北大路書房　2011 年
Memory and Aging（共編著）Psychology Press 2012 年
Dementia and Memory（共編著）Psychology Press 2014 年

【編者紹介】

中島祥好（なかじま・よしたか）

1979 年　東京大学大学院人文系修士課程中退
現　在　サウンド株式会社社長／九州大学名誉教授，博士（芸術工学）

【主著】
聴覚の文法（共著）　コロナ社　2014 年
Springer Handbook of Systematic Musicology.（分担執筆）　Springer.　2018 年
English phonology and an acoustic language universal.（共著）*Scientific Reports*, **7**, 46049.　2017 年
How sonority appears in speech analyses.（共著）*Acoustical Science and Technology*, **39**（3）, 179-181.　2018 年
Temporal resolution needed for auditory communication: Measurement with mosaic speech.（共著）*Frontiers in Human Neuroscience*, **12**, 149.　2018 年
音楽知覚認知ハンドブック─音楽の不思議の解明に挑む科学─（共編著）　北大路書房　2020 年

谷口高士（たにぐち・たかし）

1992 年　京都大学大学院 教育学研究科 博士後期課程 単位取得満期退学
1995 年　京都大学博士（教育学）
現　在　大阪学院大学情報学部教授

【主著】
音楽と感情─音楽の感情価と聴取者の感情的反応に関する認知心理学的研究─　北大路書房　1998 年
音は心の中で音楽になる　北大路書房　2000 年
音楽はなぜ心に響くのか─音楽音響学と音楽を解き明かす諸科学─（共著）　コロナ社　2011 年
児童心理学の進歩 vol.52（共著）　金子書房　2013 年
高臨場感コミュニケーションにおける聴覚的臨場感の階層的印象推定モデル　電子情報通信学会誌, 101（8）, 804-811.　2018 年
音楽知覚認知ハンドブック─音楽の不思議の解明に挑む科学─（共編著）　北大路書房　2020 年

シリーズ心理学と仕事 19　音響・音楽心理学

2021 年 3 月 20 日　　初版第 1 刷印刷	定価はカバーに表示
2021 年 3 月 31 日　　初版第 1 刷発行	してあります。

監 修 者　　太田信夫

編　　者　　中島祥好

谷口高士

発行所　　（株）北大路書房

〒 603-8303　京都市北区紫野十二坊町 12-8
電 話（075）431-0361（代）
FAX（075）431-9393
振替　01050-4-2083

©2021　　　　　　　　　　　印刷・製本／亜細亜印刷（株）
検印省略　落丁・乱丁本はお取り替えいたします。
ISBN978-4-7628-3151-5　Printed in Japan